REGINA SCHLEHECK

Der Kirmesmörder - Jürgen Bartsch

EIN POCHENDES HERZ Ein Kind verschwindet. Was kann es für Eltern Schlimmeres geben? Wenn dann nach und nach drei weitere Jungen als vermisst gemeldet werden, gerät eine ganze Region in Panik.

Der Fall Bartsch erschütterte die Nachkriegs-BRD wie kein anderes Kapitalverbrechen. Jürgen Bartsch verbrachte, nachdem seine leibliche Mutter ihn ausgesetzt hatte, sein erstes Lebensjahr in einer Essener Klinik und die frühe Kindheit bei Adoptiveltern in Isolationshaft. Er erlebte menschliche Kälte, neurotische Zwänge, brutale Gewalt und Missbrauch zu Hause, in der Schule und im Internat. Das Resultat: ein sadistischer Soziopath. Der Metzgerlehrling lockte Kinder von Kirmesplätzen in Essen und Umgebung, um sie zu missbrauchen und zu zerstückeln. Als er endlich gefasst wird, seine grausamen Taten offenbar werden, brechen alle Dämme und die Menschen fordern Vergeltung.

© B. Dünkelmann

Regina Schleheck hat sich im Krimi wie in der Phantastik einen Namen gemacht. Unter anderem wurden ihr mit dem Friedrich-Glauser-Preis der deutschsprachigen Krimiautoren und dem Deutschen Phantastikpreis die begehrtesten Auszeichnungen beider Genres zugesprochen – neben vielen anderen Preisen. Die 1959 geborene hauptberufliche Oberstudienrätin, nebenberufliche Referentin, Herausgeberin, Lektorin und fünffache Mutter verfasste und veröffentlichte seit 2002 Hunderte Kurzgeschichten, Hörspiele, Erzählungen, Lyrik, Theaterstücke und Drehbücher. Die Autorin ist in Köln aufgewachsen, hat nach ihrem Studium in Aachen zehn Jahre mit ihrer Familie in Ostwestfalen gelebt und wohnt seit 1996 in Leverkusen. www.regina-schleheck.de

REGINA SCHLEHECK

Der Kirmesmörder - Jürgen Bartsch

BIOGRAFISCHER KRIMINALROMAN

GMEINER

Die automatisierte Analyse des Werkes, um daraus Informationen insbesondere über Muster, Trends und Korrelationen gemäß § 44b UrhG (»Text und Data Mining«) zu gewinnen, ist untersagt.

Immer informiert

Spannung pur – mit unserem Newsletter informieren wir Sie regelmäßig über Wissenswertes aus unserer Bücherwelt.

Gefällt mir!

Facebook: @Gmeiner.Verlag
Instagram: @gmeinerverlag

Besuchen Sie uns im Internet:
www.gmeiner-verlag.de

© 2016 – Gmeiner-Verlag GmbH
Im Ehnried 5, 88605 Meßkirch
Telefon 0 75 75 / 20 95 - 0
info@gmeiner-verlag.de
Alle Rechte vorbehalten
2. Auflage 2023

Lektorat: Claudia Senghaas, Kirchardt
Herstellung: Mirjam Hecht
Umschlaggestaltung: U.O.R.G. Lutz Eberle, Stuttgart
unter Verwendung eines Fotos von: © ullstein bild – dpa
Druck: Custom Printing Warschau
Printed in Poland
ISBN 978-3-8392-1939-3

PAUL

Als er zu sich kam, war das Erste, was er wahrnahm, der eigene Herzschlag. Er durchpulste seinen Körper derart mächtig, als wäre da nichts außer diesem einen Organ, das ihn vollständig ausfüllte. Poch. Poch. Poch. Jedem Schlag folgte ein Rauschen, das sich in Wellen ausbreitete, die Ohren betäubte und einen Schleier über sein Bewusstsein zog. Die Erschöpfung machte ihn weich. Seine Wahrnehmung gab nach, wich wieder, wie das Meer sich schäumend über den glatt gespülten Sand zurückzog, zwischen Körnchen, Muscheln und Treibgut versickernd, winzige luftige Bläschen zurücklassend, die eine nach der anderen lautlos zerplatzten. Wie ein tiefes, ruhiges Atemholen vor den nächsten und übernächsten Wellen. Die dennoch unerbittlich und immer brutaler aufbrandeten und nach und nach, Brecher für Brecher, wieder an die Oberfläche spülten, was sich dort unten am Meeresgrund verborgen hatte. Der Schmerz. Er komprimierte das, was einst sein Kopf gewesen sein mochte, zu einer kleinen glühenden Kugel. Pochen, Rauschen, Schmerz. Pochen, Rauschen, Schmerz.

Er wurde gewahr, wie sein eigener Atem sich durch diese geballte Wucht einen Weg bahnte, spürte die Nase, den Mund, taub und trocken, weil da etwas war. Ein undefinierbarer Pfropfen von weicher Konsistenz und saurem Geschmack, der entfernt an einen Apfel erinnerte. Weiter oben mussten seine Augen sein, aber er konnte nichts sehen. War er erblindet? Die Pein, die das nächste Pochen aus allen Regionen des Körpers in sein Bewusstsein spülte, verdrängte den Gedanken. Drei weitere Schmerzzentren meldeten sich: Arme, Beine, Unterleib. Dann kam die Erkenntnis. Schlag auf Schlag. Es war stockdunkel. Er war splitternackt. Lag an Armen und Beinen fest verschnürt auf einem kalten steinigen Untergrund, spürte Geröll und Feuchtigkeit unter sich. Die Luft roch modrig und es stank. Der brennende Schmerz, der in seinem Unterleib tobte, ließ ihn an Durchfall denken. Ich muss mich vollgeschissen haben, dachte er, ohne sich zu erinnern. Es fühlte sich feucht an da unten, nackte Haut auf nacktem nassen Stein. Jemand hatte ihn ausgezogen. Jemand?

Der Jemand! Der ihn gefesselt und geknebelt hatte! Nichts anderes konnte das Ding in seinem Mund bedeuten. Er wusste jetzt auch, dass er nicht blind war, wusste, dass seine Augen verquollen, aber nicht verletzt sein mochten, die eigene Betäubung und die Dunkelheit hatten ihn in die Irre geführt. Er lag in der Höhle!

Der Gedanke, dass er vollkommen hilflos war, verletzt, halb tot vermutlich – der Kerl hatte ihn *töten* wollen! – ließ ihn krampfen und würgen. Der Knebel! Er ließ keine Luft rein, keine Galle raus. Da war sie wieder, die Anmutung von Apfel. Sie kam aus seinem Magen! Er hatte Apfelsaft getrunken, sie beide, im »Stadtkrug«. Nein, der andere hatte ein Bier getrunken. Und ihn freigehalten.

Der andere! Das Ungeheuer!

Sie hatten sich unterhalten, einfach so. Nein, der Kerl war auf ihn zugegangen, er hatte ihn angesprochen. Ihn eingeladen auf ein Bier. Er musste von Anfang an etwas von ihm gewollt haben. Warum war ihm das nicht aufgefallen? Doch, natürlich hatte er sich gefragt, was der Typ von ihm wollte. Natürlich war er ihm ein bisschen merkwürdig vorgekommen. Aber vollkommen harmlos! Kaum älter als er selbst. Gut gekleidet, aber gar nicht hochnäsig. Umgänglich und unkompliziert.

Paul stöhnte. Erschrak von dem eigenen Geräusch. Lauschte mit angehaltenem Atem ins Dunkel. War er wirklich allein?

Nichts.

Er hatte davon gesprochen, hatte ihm gesagt, er werde wiederkommen. Um ihn fertigzumachen. Was hatte er, Paul, diesem Ungeheuer bloß getan? Ihm graute vor dessen Wiederkehr! Den winzigen erlösenden Moment lang, als der Stein mit voller Wucht auf seinen Kopf krachte, hatte er geglaubt, der andere hätte ihn bereits erschlagen. Die Ausholbewegung, dann der Aufprall. Genau! Daher der Kopfschmerz! Aber es hatte nicht gereicht. Sonst wäre er nicht wieder zu sich gekommen.

Warum hatte er den Kerl überhaupt sehen können? Da waren Kerzen gewesen!

Er versuchte, sich auf die andere Seite zu rollen. Wie ein glühendes Eisen durchfuhr es ihn. Dieser Unmensch hatte ihm den Unterleib aufgeschlitzt! Mit Rasiermessern. Geschlagen, geprügelt hatte er ihn. Urplötzlich war er über ihn hergefallen, hatte ihm einen Tritt versetzt, der ihn zu Fall brachte, und noch ehe Paul ganz verstand, was das sollte, lag der andere auf ihm, riss an seinen Kleidern, schrie, schlug, würgte ihn. Obwohl er nicht viel älter und größer war, verfügte er über unglaubliche Kräfte.

Sie waren viel zu tief in den Stollen vorgedrungen, als dass jemand das Schreien hätte hören können.

Im ersten Moment hatte er gedacht, der Typ wäre vom anderen Ufer. Das hätte erklärt, dass er ihn auf der Straße angesprochen hatte. Natürlich war der Gedanke vorher schon aufgeblitzt. Mein Gott, er war kein Kind mehr! Es gab diese Jungs, bei denen man immer aufpassen musste, dass man ihnen nicht zu nahe kam. Die einen schon so anguckten. Sich auf eine Art und Weise bewegten – dieses fast unmerkliche Wiegen in den Hüften, die Art, wie die Oberkörper sich schlangengleich wanden, die Bewegungen der Hände, das hatte immer so etwas Falsches, Geschmeidiges, das zu einem Jungen nicht passte. *Den* Eindruck hatte der nicht gemacht. Er war stämmig gewesen, rundliches Gesicht, fast kindlich. Aber als er seine Hose heruntergerissen hatte und an ihm rumfummelte, gab es keinen Zweifel mehr. Er hatte auch sich selbst vollständig ausgezogen, um an ihnen beiden rumzumachen. Machten die das alle so – brutal? Er konnte es sich nicht vorstellen. Das Gebrüll: »Versager! Wieso kriegst du keinen hoch? Du Memme!« Er hatte an sich gefummelt, an ihm, wieder an sich. Dann wieder geschlagen, getreten, sodass Paul sich krümmte, hilflos herumkullerte, auf dem Bauch zu liegen kam. Der andere kniete auf ihm, versuchte sich erneut einen runterzuholen. Das Rubbeln und Keuchen! Das erlösende Stöhnen blieb aus. Er hatte sich nackt auf ihn geworfen und ihn geküsst! Widerwärtig! Aber hundertmal besser als das Prügeln! Paul hatte ihn angebettelt, weiterzumachen. *Angebettelt!* Stattdessen rammte der Verrückte ihm ohne Vorwarnung etwas in den Po. Einen Finger, zwei – dann etwas so Großes und Hartes – er hatte gebrüllt vor Schmerz! Nein, das war nicht sein Schniedel, vermutlich der Stiel des Hammers, den er vorher aus den Augenwinkeln hatte ausmachen können. Nie hätte er gedacht, wie entsetzlich weh so etwas tun könnte. Das Nasse an seinem Po – war das Blut?

Der Hammer! Wenn er ihn fände, könnte er sich wehren! Nur wie – mit auf den Rücken gefesselten Händen! Die Fesseln! Er musste sie lösen! Wo waren die verfluchten Rasierklingen? Wenn er die Schnüre durchschneiden könnte! Aber wie sollte er sie im Dunkeln finden?

Wie lange war er ohnmächtig gewesen?

Wenn der Kerl zurückkam!

Abendessen, hatte er gesagt. Er hatte ihn, Paul, nach der Uhrzeit gefragt! Urplötzlich. Ihn eben noch mit überschnappender Stimme angebrüllt, mit der flachen Hand ins Gesicht geschlagen – und vollkommen unvermittelt gefragt, wie spät es sei. Er müsse zum Abendessen. Bedauernd. Er komme später wieder. Um ihn zu töten! Dieser Wahnsinnige! Er hatte ihn geknebelt, die Kerzen gelöscht und war gegangen. Wohin?

Raus, nur raus! Sich verstecken! Wo? Wie?

Panik betäubte die Pein, als er sich wild hin und her wand in dem Versuch, die Fesseln zu lösen oder mindestens zu lockern. Sie saßen knallhart. Der Knebel! Er war mit einem Klebestreifen fixiert. Als er die Wange auf dem Steinboden rieb, spürte er ihn an seinen Haaren reißen. Dennoch gelang es ihm, in der Mundhöhle ein wenig Raum zu schaffen, indem er den Stoff an den Rändern des Streifens mit der Zunge hinausdrückte. Ein zusammengeballtes Stück Stoff, das sich auseinanderschieben ließ. Er konnte jetzt ein wenig Luft ziehen. Aber was nützte das, solange er nicht weglaufen konnte! Und wenn er zum Ausgang der Höhle kullerte? Den Gedanken verwarf er sofort. Wo war der Ausgang? Wenn er die falsche Richtung einschlug, wäre er verloren. Nein! Die Fußfesseln! Er musste die Fußfesseln lösen! Wenn er die Rasierklingen fand! Die Messer! – Das Grauen!

Der Kerl hatte ihm die Messer gezeigt! Ihn die Klinge spüren lassen! Ganz sanft, zärtlich fast, war er mit der Schneide über Pauls Brust und Bauch gefahren, immer wieder innehaltend, hatte das Messer in die Lotrechte gebracht, eine zitternde Spitze bohrte sich in seine Haut, und der Irre flüsterte: »Hier! Hier schlitze ich dich auf! Zeig mir dein Herz! Gib es mir!« Er traute es ihm zu. Dieser Wahnsinnige würde ihn bei lebendigem Leib zerstückeln. Es machte ihm Spaß. Nein, nicht Spaß. Befriedigung! Er gierte danach! Der wollte nicht einfach nur kleine Jungen vergewaltigen. Der wollte sich an ihrer Angst, ihrem Grauen weiden! Der wollte sie aufschlitzen, ausweiden, womöglich fressen – dem war alles zuzutrauen!

»Nun wehr dich doch endlich!«, hatte er geschrien. Ihn geschlagen. »Was bist du denn für ein feiges Arschloch?«

Wieder entrang sich Paul ein Stöhnen, von ganz unten

her kam es, aus dem geschundenen Unterleib. Er wälzte sich hin und her und suchte mit den zusammengebundenen Händen, irgendetwas zu fassen zu bekommen. Steinchen, Dreck, ein Stück Kordel? Das musste ein Kerzenstummel sein, gleich daneben ein abgebranntes Streichholz. Wo waren die Messer, die Klingen? Natürlich hatte der Kerl sie verräumt! Sodass sein Opfer auf gar keinen Fall drankommen konnte. Oder er hatte sie mitgenommen. Ganz so blöd konnte der nicht sein. Er hatte das alles vorbereitet. Die Kerzen, das Werkzeug, alles hatte bereits auf ihn gewartet. Sein Geheimversteck! Folterkeller! Seine heimliche Hölle!

Er war nicht der Erste! – Der Gedanke nahm ihm den Atem. Der Geruch! Nein, Gestank! Lagen hier schon Leichenteile rum von anderen, mit denen er das gemacht hatte, was er mit ihm noch vorhatte? *Das* war der Schatz, von dem er gesprochen hatte, den er ihm hatte zeigen wollen! Warum hatte er das nicht eher kapiert? Schon als sie den Stollen betraten, hatte es so merkwürdig gerochen. Je tiefer sie vordrangen, umso penetranter und ekelhafter wurde es.

Paul war stehen geblieben. »Was ist das?«

»Ach, das ist noch vom Zweiten Weltkrieg!« Der andere hatte hinter ihm gelacht. Als er sich umdrehte, leuchtete die Kerze sein Gesicht von unten her an, sodass es wie eine Fratze wirkte. »Das war 'n Luftschutzbunker hier. Da sind nicht alle wieder lebend rausgekommen. Ganz hinten liegen noch ein paar Skelette rum.«

Das war der Moment, wo Paul kehrtmachen wollte. Die Fratze! Das höhnische Lachen! »Ängstlich? Hosen voll? Na hör mal, wenn das hier so einfach wär, dann hätte schon längst jemand den Schatz geholt! Ich hab dir doch gesagt, du kriegst 50 Mark, wenn du mir hilfst!«

Im nächsten Moment verstand Paul, dass er sich nicht nur auf etwas Dummes eingelassen hatte. Ohne Vorwarnung traf ihn ein Tritt, der ihn zu Boden warf. Er hatte sich ausgeliefert! Keine Möglichkeit, zu entkommen. Keine Chance, dass ihm jemand zu Hilfe kam. Der konnte mit ihm hier machen, was er wollte! Das Monster!

Wenn er schon wieder auf dem Weg zu ihm war? Um ihm den Rest zu geben, wie angekündigt?

Fieberhaft wälzte er sich hin und her, die schmerzenden Glieder, den dröhnenden Kopf, die quälenden Stiche in Bauch, Schritt und Anus ignorierend. Wie spät war es bloß? Wie lange war er bewusstlos gewesen?

Er müsse zum Abendbrot, hatte der Kerl gesagt. *Müsse zum Abendbrot!* Wie ein kleines Kind, das sich von seinen Freunden am Spielplatz verabschiedet. Ich darf nicht mehr mit dir spielen! Meine Eltern warten! Er hatte *Eltern*! Er führte ein ganz normales Leben! Worüber hatten sie gesprochen im »Stadtkrug«? »Einer wird gewinnen!« Er hatte sich auf den Fernsehabend mit seinen Eltern gefreut! Von irgendwelchen Opernsängern gesprochen, die diesmal in den Rateteams antreten würden. Opernsänger! Ein Junge, der sich für Opern interessierte! Der Horst Frank würde auch dabei sein, hatte er gesagt. – *Mutter*! Seine, Pauls, Mutter schwärmte für den! Was würden *seine* Eltern denken? Warteten *sie* auf ihn? Er war schon so oft zu spät nach Hause gekommen! *Zu* oft! Wann würden sie anfangen, sich zu sorgen? Ihn suchen? Wie sollten sie ihn finden? Sie saßen doch jetzt genauso vor dem Fernseher! »Einer wird gewinnen!« Wenn der Kerl nach dem Essen noch fernsah – natürlich würde der Kuli wieder überziehen! Kostbare Zeit! *Er musste hier raus!*

Seine Hände ertasteten die Streichholzschachtel.

ANNI

Ich war glücklich im Krankenhaus. Nicht nur, dass ich etwas zum Lebensunterhalt beitragen konnte. Viel wichtiger war mir, etwas Anständiges zu lernen. Den Volksschulabschluss hatte ich im letzten Kriegsjahr noch mitgenommen, eher nachgeschmissen bekommen, es gab ja keinen normalen Schulbetrieb mehr. Das war jetzt über ein Jahr her. Mama hatte mir seitdem dauernd in den Ohren gelegen: »Kind, was soll bloß aus dir werden?« Ich fand das gemein. Kein Mensch wusste doch, was aus ihm werden sollte! Überall nur Chaos und alles kaputt! Geld war nichts mehr wert, es gab fast nichts zu kaufen. Der Hunger! Und wer war schuld? Hatten nicht fast alle bis zum Schluss an dem tausendjährigen Albtraum mitgearbeitet? Und wenn sie sich blind und taub gestellt und nichts verhindert hatten! Den millionenfachen Menschen-Mord! Noch in den letzten Kriegswochen wurden im Ruhrgebiet Hunderte Zwangsarbeiter und Kriegsgefangene hingerichtet und in Massengräber geworfen. In Essen hat die SS zuletzt 35 Fremdarbeiter in der Nähe der Ausstellungshalle liquidiert. Als die Amis sie entdeckten, wurde die Bevölkerung gezwungen, sich den Leichenberg anzugucken. Die ganze Stadtverwaltung wurde auf Lastwagen geladen und da hingefahren! Mama war dabei. Als sie nach Hause kam, hat sie sich die halbe Nacht übergeben.

Bis zur letzten Minute hatten die Nazis gewütet! In der Nacht, bevor der Ami einmarschierte, hat die Gestapo Düsseldorf den Alois Odenthal und seine Leute standrechtlich erschossen. Wegen Kollaboration mit dem Feind. Ein paar Stunden vor der Kapitulation!

Gleich danach waren alle, die Dreck am Stecken hatten, untergetaucht. Der Essener Oberbürgermeister ist am Ende als Einziger nicht geflohen, als die Amis einmarschierten.

Und ich? Blond und blauäugig! Fast noch ein Kind. Aber was entschuldigte das? In der Schule hieß es immer, wir wären die Guten. Und die Größten. Im Nachhinein stellte sich heraus, dass wir im Bösesein die Größten waren. Wem konnte man jetzt noch in die Augen gucken – vor Scham! Und Misstrauen. Was hatte der andere gewusst? Was dazu beigetragen? Natürlich wollte es keiner gewesen sein.

Dabei: Es war doch alles von langer Hand geplant gewesen! Mama hatte im Einwohnermeldeamt gearbeitet. All die Menschen, die ihre Vermerke bekamen, umgesiedelt wurden und verschwanden!

»Was denkst du denn, Kind! Woher sollte ich wissen, was mit diesen Leuten passierte!« Ihre Empörung in Verbindung mit »diesen Leuten«! Immerhin hatten wir die Zweizimmerwohnung der Vogels übernehmen können. Sie saß an der Quelle. Und wieso musste sie mich »Kind« nennen? Ich heiße Anni! Mit 16 ist man kein Kind mehr.

Sie kriegte in Nullkommanichts ihren Persilschein, schließlich brauchten die Amerikaner jede Hand in der Verwaltung. Schon für die Verteilung der Lebensmittelkarten! Dann mussten die übrigen Fremdarbeiter zurückgeschickt werden. Obwohl die zu Hause auch nicht unbedingt mit offenen Armen empfangen wurden. Die Russen haben sie gleich wieder eingesperrt – als Kollaborateure.

Mama versuchte, mich auch unterzubringen. Ich war heilfroh, dass es nicht klappte, wurde das Gefühl nicht los, dass die auf dem Amt alle Dreck am Stecken hatten.

Im Rheinberger Rheinwiesenlager, erzählte man sich, waren Wehrmachtsoldaten zu Tausenden seit Monaten unter freiem Himmel eingepfercht. Die Männer verhungerten oder starben an Krankheiten wie die Fliegen. War das jetzt besser als das, was die Nazis getan hatten? Immerhin tat man etwas für die Zivilbevölkerung: Amerikanische Sanitäter führten auf offener Straße Massenentlausungen mit DDT-Pulver durch. Wir wurden festgehalten, Soldaten mit Pulverkanonen schossen uns das Zeug unter die Kleidung und hatten mächtig Spaß daran, den jungen Mädchen in den Ausschnitt zu greifen, um ihre Salven abzufeuern.

Ich haderte mit meiner Mutter, mit den Deutschen, den Amerikanern, den Engländern, mit mir. Wollte irgendetwas gutmachen, Menschen helfen. Was hatten wir in der Schule gelernt? Schwache gehörten ausgemerzt. Nein! Es war genau umgekehrt! Man musste sich für die Schwachen einsetzen! Wenn schon nicht klar war, ob der Mensch überhaupt *gut sein konnte*, wollte ich doch wenigstens versuchen, Gutes zu *tun*.

Dann kam Mutter mit der Nachricht, in der Wäscherei suchten sie dringend Aushilfen.

»Ich will Krankenschwester werden«, sagte ich.

»Kinder, die was wollen, kriegen was auf die Bollen«, gab Mama zurück. »Wer kann sich schon aussuchen, was er tut? Zuallererst zählt ein Dach über dem Kopf und etwas zum Essen auf dem Tisch. Du kannst doch gar kein Blut sehen! Ausgerechnet du willst dich mit Blut, Spritzen, Schleim und Kacke rumschlagen?«

Ich versprach, mich bei der Wäscherei vorzustellen. Bat aber trotzdem Tante Heti um Rat, die sich umzuhören versprach. »Lass Anni es wenigstens versuchen«, sagte die Tante zu Mama.

Die schnaubte. »*Du* kannst es dir ja leisten!« Sie war schon immer neidisch auf ihre Schwester gewesen, die kein Kind zu versorgen hatte, aber einen Trauschein besaß. Dabei hatte Mama Onkel Paul nie leiden können. Er sei so ein strammer Nazi, dass er zu Hause nur noch die rechte Hand hochkriegte, hat sie gespottet. Ich hab viel später erst verstanden, dass sie sich damit über Hetis Kinderlosigkeit lustig machte – um die sie sie gleichzeitig beneidete. Weil ich doch ach so ein Ballast für sie war! Tante Heti hatte eine Kriegswitwenrente. Weil Onkel Paul im ersten Jahr in Polen geblieben war. 1938. Noch ein Grund, neidisch zu sein!

In meiner Geburtsurkunde stand: *Vater unbekannt.* Einmal hat Mama zu mir gesagt: »Sei froh. Von manchen Menschen wünscht man sich, dass es sie nie gegeben hätte.« Was mein Vater Böses gemacht hatte, behielt sie für sich. Vielleicht war er ein Nazi wie Onkel Paul? Impotent konnte er ja nicht gewesen sein. Hatte er sie sitzen gelassen? – Ihr Gewalt angetan? Vielleicht wusste sie tatsächlich nicht, wer er war. Ich meine, das wird es schon vor dem Krieg gegeben haben, dass Frauen von Wildfremden überfallen und vergewaltigt wurden! Meine Großeltern waren tot, und Tante Heti behauptete, sie wisse nicht mehr als ich über meinen Vater. Meine Mutter hätte schon immer so ein Geheimnis um ihr Liebesleben gemacht, dass jeder davon ausging, sie hätte keins.

In der Schule sollte ich einen Nachweis für die Ahnentafel erbringen. Was konnte ich sagen? So blond und blauäugig, wie ich war, hat nie jemand gezweifelt, dass alles seine Ordnung hatte mit mir. Vielleicht hat Onkel Paul ja auch nachgeholfen. Mit dem Ariernachweis, meine ich. Nach dem Krieg habe ich mir gewünscht, dass mein Erzeuger ein Jüdischer gewesen wäre. Als Rache gewissermaßen. Denen sah man es ja gar nicht unbedingt an, auch wenn sie uns das im Rassenkunde-Unterricht immer hatten weismachen wollen von wegen Hakennase, schwarze Haare und stechender Blick. Natürlich hat es mich beschäftigt! Gelegentlich schreckte ich aus Albträumen hoch, in denen meine Mutter auf dem Sterbebett lag und ich sie nicht gehen lassen wollte, sie schüttelte, anschrie und schlug, damit sie endlich gestand, wer mein Vater war.

Bei der Wäscherei schickten sie mich wieder weg. Ich sei zu mager. Sollte erst mal was essen, um anpacken zu können. Tante Heti hielt Wort und gab mir nach ein paar Tagen Bescheid, dass ich mich bei den Städtischen Krankenanstalten vorstellen könnte. Da suchten sie eine Kinderkrankenschwesternhelferin.

Kinderkrankenschwester! Das klang wunderbar! Die Worte meiner Mutter waren tage- und nächtelang in meinem Kopf herumgespukt: »Blut, Spritzen, Schleim und Kacke.« Ja, auch solche Albträume verfolgten mich: von Frischamputierten, von Blut, Exkrementen, Erbrochenem, von röchelnden Sterbenden, von Ärzten, die ausgemergelte nackte Leiber mit Skalpellen aufschnitten, »Schwester Anni, Tupfer, Schere!«, riefen und mir Spritzen in die Hand drückten, die ich setzen sollte.

Nun das! Süße kleine Säuglinge!

Die Essener Städtischen Krankenanstalten waren im Krieg weitgehend zerstört worden, der Wiederaufbau würde noch Jahre dauern. Die Säuglingsstation hatten sie in das Erholungsheim der Landesversicherung ausgelagert, wo ich einen Probetag verbringen sollte.

Im Schwesternzimmer empfing mich Schwester Leni, pausbackig, proper und von einer derart positiven Ausstrahlung, dass ich mich unter ihren Fittichen sofort wohlfühlte. Einen Tag lang durfte ich sie überallhin begleiten. Kinder waschen, wickeln, füttern, den Wöchnerinnen zum Anlegen bringen, die frischgebackenen Mütter versorgen, den Ärzten zur Hand gehen – ich fand alles aufregend und schön. Insbesondere die Neugeborenen. Deren Pflege sollte meine Hauptaufgabe sein, versicherte Schwester Leni, die mich am Ende des Tages in die Wange kniff, was mir das gute Gefühl gab, dass ich mich nicht nur nicht ganz dumm angestellt, sondern dass sie mich tatsächlich ebenso ins Herz geschlossen hatte wie ich sie.

Ich durfte gleich am nächsten Tag fest anfangen.

Meine Begeisterung kriegte einen kleinen Dämpfer, als ich die Arbeitszeiten auf der Station kennenlernte. Es gab keine Schichtwechsel. Man arbeitete von morgens früh bis abends spät. Die Kinder machten es einem allerdings leicht. Die winzigen Händchen, die sie einem entgegenstreckten! Diese Füßchen mit Zehen, aufgereiht wie eine Perlenschnur! Die Gesichtchen! Die Augen waren in der ersten Zeit noch meistens zu. Die Mündchen verzogen sich gelegentlich reflexhaft zum Greinen, aber genauso zu einem derart zauberhaften Lächeln, dass mein Herz hüpfte. Wovon träumten die Neugeborenen? Was hatten sie Wunderbares erlebt, bevor sie zur Welt kamen? Wollte man nicht, wenn man diese Menschenskinder sah, sein Äußerstes geben, um sie zu beschützen und vor Bösem zu bewahren?

Es roch so gut, wenn ich an den flaumigen Köpfchen schnupperte! Selbst beim Wickeln strömten sie keine unangenehmen, eher süßliche Gerüche aus, bestand ihre Nahrung doch fast ausschließlich aus Muttermilch. Nur wenige Kinder waren älter als sechs Wochen. Das war im Allgemeinen die Zeit, nach der die Wöchnerinnen wieder entlassen wurden. Manche Kinder, die von schwächlicher Gesundheit waren, blieben länger oder kamen nach einiger Zeit wieder zurück, wenn etwas nicht stimmte. Nur einer der Jungen, Karl-Heinz, war schon ein halbes Jahr alt, als ich auf der Station anfing. Ein richtiges Sonnenscheinchen! Dunkle Haare, volle Lippen, riesige Kulleraugen, die mir entgegenstrahlten, sobald ich den Raum betrat. Nicht nur mir. Ich habe ihn nie anders als wonnig erlebt. Er schien überhaupt nicht schwach oder krank, im Gegenteil: kerngesund. Die Schwestern waren samt und sonders verliebt in das Kerlchen, alle Besucher schäkerten mit ihm. Eine Dame kam mehrmals die Woche vorbei, um nach ihm zu sehen.

Ob es seine Oma sei, fragte ich Leni. Die schüttelte den Kopf und lachte. Sie war gerade damit beschäftigt, einem der Würmchen Blut abzuzapfen. Das Kind greinte leise vor sich hin.

»Etwa seine Mama?«, hakte ich nach. Die Frau hatte so etwas Gesetztes, das mir zu einer jungen Mutter nicht zu passen schien.

Schwester Leni klebte das Pflästerchen fest, das ich ihr reichte. »Die Möchtegern-Mutter«, sagte sie, hob das Kleine an ihre Schulter und beruhigte es, indem sie ihm sanft den Rücken klopfte. Während ich das Spritzbesteck zusammenräumte, beobachtete ich aus den Augenwinkeln die »Möchtegern-Mutter«, die in Richtung des Bettchens, in dem Karl-Heinz vor sich hin strampelte, winkte und sich zum Gehen wandte.

Schwester Leni erzählte, die Frau habe eine Totaloperation hinter sich und könne nun keine Kinder mehr bekommen, was ihr wohl sehr zu schaffen machte. Sie sei während ihres Klinikaufenthalts regelmäßig auf die Säuglingsstation gekommen und habe die Neugeborenen beobachtet. Karl-Heinz hätte sie offensichtlich ganz besonders ins Herz geschlossen. Er sei kurz nach ihrem Eingriff zur Welt gekommen, ein nicht eheliches Kind. Die leibliche Mutter sei kurz nach der Geburt verschwunden.

»Was für eine Rabenmutter!«, entfuhr es mir.

Schwester Leni schüttelte den Kopf. »In manchen Fällen sollte man vielleicht besser keine als eine schlechte Mutter sein.«

»Hat es damit zu tun, dass da kein Vater ist?«

Zum allerersten Mal im Leben kam mir der Gedanke, dass meine Mutter gezweifelt haben mochte, ob sie mich austragen und behalten sollte. Was aus mir geworden wäre, wenn sie mich geboren und sich einfach abgesetzt hätte?

»Ein Kind braucht mehr zum Leben als einen Vater.« Leni legte den Säugling, der wieder eingeschlummert war, in sein Bettchen und deckte ihn zu.

»Was zum Essen!«, gab ich Stichwort, während wir in Richtung Wäschekammer eilten.

Leni drehte sich so abrupt um, dass ich gegen sie prallte. »Zeit«, sagte sie. »Aufmerksamkeit. Liebe.«

Das beschäftigte mich. Ich dachte oft, meine Mutter könnte sich mehr Zeit für mich nehmen. Ihre Aufmerksamkeit galt äußerlichen Dingen. Dabei war Geld doch sowieso nichts mehr wert! Wozu sich darüber Gedanken machen? Erst recht: Wen interessierte, was andere dachten und taten? Die Zeit war vorbei, in der man überall bespitzelt und drangsaliert wurde!

Auf der anderen Seite: Wie konnte ich mich fragen, ob meine Mutter mir genügend Aufmerksamkeit schenkte? Wir hatten knapp den Krieg überlebt. Es gab nichts zu essen!

Trotzdem störte mich das Gejammer, was aus mir, aus uns werden sollte. Es hörte sich wie ein Vorwurf an. Als wenn ich die Ursache allen Unheils wäre. Sah so Liebe aus?

Tante Heti war viel gelassener als Mama. Und Schwester Leni erst! Ich sah ihr gerne zu, wie sie mit den Kindern auf der Station umging. So liebevoll. Aber Zeit? Wie hätten die Schwestern den vielen Kindern auf der Station die Aufmerksamkeit geben können, die sie brauchten?

»Hast du Kinder?«, wollte ich wissen.

Sie antwortete nicht gleich. Bezog das Bettchen fertig, an dem sie gerade arbeitete. Holte frische Wäsche, sah meinen Blick, blieb stehen. »Ich hab sie bei der Flak gelassen. Alle beide.«

»Sie waren bei der Flugabwehr …?«

Wieder brauchte sie eine Weile. Dann sagte sie, mehr zu dem Bettchen als zu mir: »Im Doppelpack! Zwillinge. Ernst und Erich. Zusammen geboren. Zusammen umgekommen.« Sie lächelte. »In den letzten Kriegstagen. Als die Alliierten schon über allen Städten Angriffe flogen. Immerhin: Es ging ganz schnell. Und sie waren nicht allein.«

Ich hakte nicht nach. Schämte mich, überhaupt gefragt zu haben. Aber sie schien es nicht übel zu nehmen. Zumindest ließ sie es sich nicht anmerken.

Die Kinder auf der Station kamen in der Regel dreimal am Tag zu ihren Müttern. Auf keinen Fall nachts. Acht Stunden Ruhezeit wurden strikt eingehalten. Nur in Ausnahmefällen, etwa wenn eine Brustentzündung drohte, wurden sie häufiger angelegt. Die Säuglinge entwickelten unterschiedliche Techniken, um Zuwendung zu erlangen. Manche – wenige – weinten, sobald sie wach wurden, und hörten nicht auf, bis sie sich wieder in den Schlaf geweint hatten. Die galten als Schreikinder.

Es hieß, ich sollte sie nicht beachten. Andere versuchten, angenehm aufzufallen. Der kleine Karl-Heinz Sadrozinski vorneweg. Er sei in allen Dingen sehr früh entwickelt gewesen, sagten die anderen Schwestern. Hatte vor allen Gleichaltrigen mit den Augen verfolgt, was um ihn herum vorging, den Kopf gehoben und gelächelt. Mit sechs Monaten hatte er rausgekriegt, dass es in seiner Reichweite einen Knopf gab, den er mit seinem Zeigefingerchen drücken konnte. Dann klingelte es, und eine Schwester kam gelaufen. Das fand er natürlich sehr spannend. Eine Zeit lang ließen die Schwestern sich auf das Spiel ein. Dann nahmen sie ihm den Alarm weg.

Man konnte ihm einfach nicht böse sein. Wenn ich mich ihm mit seinem Fläschchen näherte, strahlte er mich unter langen dichten Wimpern so dankbar an, als hätte ich ihm das Leben gerettet.

Für die Wickelkommode war er schon arg groß. Also kam er aufs Töpfchen, kaum dass er sitzen konnte. Auch darin war er ausgesprochen früh. Saß stundenlang auf dem Pott und spielte mit seinen Zehen. Manchmal auch mit dem Pipimann. Dafür gab es etwas auf die Finger. Aber meistens war er brav. Schien es zu genießen, dass er auf dem Thrönchen seine Umgebung besser beobachten konnte als aus der Bauch- oder Rückenlage.

Schwester Nella, die die Station leitete, erzählte mir, dass seine Mutter Tuberkulose gehabt hatte und wenige Wochen nach seiner Geburt verstorben war. Sie zeigte mir die Unterlagen, schließlich sollte ich den Papierkram auch kennenlernen. Demnach war Anna Sadrozinski, geborene Liedtke, zwar verheiratet, aber ihr Mann, Friedrich Sadrozinski, ein Bergmann, in Russland vermisst. Den Namen des leiblichen Vaters von Karl-Heinz hatte sie zwar angegeben, aber er lebte im Ausland und war nicht ausfindig zu machen, er wechselte dauernd den Wohnsitz. Normalerweise kämen solche Kinder ins Heim, sagte Schwester Nella. Auf die Frage, warum der kleine Sadrozinski nicht auf die Kinderstation verlegt würde, lächelte sie. »Es gibt eine Gönnerin«, sagte sie. »Die hat Sorge, dass er da mit asozialen Elementen zusammenkommt. Sie zahlt in Naturalien. Die haben eine Metzgerei!«

Ich begriff, dass es sich nur um die Dame mit der Totaloperation handeln konnte. »Warum macht sie das?«, hakte ich nach.

»Sie hat einen Adoptionsantrag gestellt«, sagte Schwester Nella. »So was dauert, weil die Behörden sorgfältig prüfen müssen. Der Vater muss gefunden werden. Vielleicht gibt es von seiner Seite auch Verwandte, die zuständig wären. Das muss erst alles geklärt werden.«

»Warum kann er in der Zwischenzeit nicht schon da wohnen?«, wandte ich ein. »Die Frau würde sich doch besser um ihn kümmern als wir hier.«

»Es ist durchaus in ihrem Sinne«, gab Schwester Nella zurück. »Karl-Heinz' Mutter war kein einfacher Fall. Selbst unehelich geboren. Selbst eine Weile in einem Heim für Schwererziehbare. So was wird von einer Generation in die nächste weitergegeben. Da muss man schon allerhand tun, um gegenzusteuern. Das versuchen wir hier. Guck doch, was für ein liebes Kind er ist! Und wie toll er sich entwickelt! Er hat hier eine stabile Umgebung, klare Regeln, es ist immer jemand da –

und vor allem: keine schädlichen Einflüsse. Was will er mehr? Frau Bartsch ist eine Unternehmerfrau. Sie wird sich auch nicht immer kümmern können. Da ist das hier sicherlich die beste Lösung. Vorläufig zumindest.«

Dr. Wegner kam dazu. »Schwester Anni, zur Visite, bitte!«

Ich sprang auf. Hoffte, weder er noch Schwester Nella kriegten mit, wie mir die Röte ins Gesicht schoss. Ich war erst wenige Wochen da. Mit einigem Abstand die jüngste von den Schwestern. Unter den Ärzten war Dr. Wegner der Neuling, noch keine 30. Er hatte gerade erst sein Examen gemacht. Vielleicht schaffte das eine Art Verbindung zwischen uns. Zumindest durfte ich ihn vorzugsweise bei der Visite begleiten, was mich stolz machte. Er war Ende '46 aus Frankreich zurückgekehrt, wo sie ihm nach einem Wundbrand drei Finger der linken Hand amputiert hatten, sodass er nur noch über eine Art Klaue verfügte. Trotzdem war er nie bitter. Einmal beklagte sich eine Schwester in seiner Gegenwart da-rüber, dass wir mit Desinfektionsmitteln und Verbandszeug so knapp waren. »Freuen Sie sich über das Wenige, was wir haben«, sagte er. »Es geht immer noch schlimmer. Wer die Hölle kennt, sieht überall das Paradies.«

Er war gut zehn Jahre älter als ich und hatte schon einiges erlebt, Krieg, Niederlage, Gefangenschaft, Verstümmelung, Rückkehr in das zerstörte Ruhrgebiet. So gesehen mochte ich dankbar sein für die Gnade meiner späten Geburt, dafür, dass ich als Frau geboren war. War aber nicht froh. Hatte nicht jeder sein Päckchen zu tragen? Konnte man das überhaupt vergleichen? Konnte das Leid des einen schwerer wiegen als das anderer?

Dr. Wegner hieß mit Vornamen Tobias. Eigentlich ein jüdischer Name, aber er stand schon im Alten Testament. Der Doktor hatte einen braunen Lockenkopf, strahlend blaue Augen und ein ebenmäßiges Gesicht. Wenn da nicht die Klaue gewesen wäre, hätte er gewiss als gut aussehender junger Mann durchgehen können. Dabei störte die verkrüppelte Hand mich überhaupt nicht, im Gegenteil, sie berührte mich eher auf eine Weise, die mich für ihn einnahm. Zugleich fürchtete ich, dass sein Makel für andere sowieso keine Rolle spielte. Es gab ja kaum noch Männer. Die konnten noch so alt, kaputt und hässlich sein und doch zehn Frauen an jedem Finger haben! Zum Glück waren die anderen Schwestern alle jenseits der 30 und zum Teil verheiratet. Mich selbst hielt ich seit der Pubertät für das fadeste Mädchen unter Gottes Sonne. Glanzlose strähnige Haare und blassblaue Augen. Wo andere weibliche Rundungen aufwiesen, war ich ein Knochen- und Rippengestell. Wenn Dr. Wegner mich bevorzugt zur Visite mitnahm, geschah es mit Sicherheit aus Barmherzigkeit und nicht, weil er mich so hübsch fand, redete ich mir ein, wenn ich mir meine Hässlichkeit vor Augen führte. Für ihn war ich außerdem mit Sicherheit noch ein Kind. Immerhin eines, das schon heiraten konnte. Mit Einverständnis meiner Mutter natürlich. Aber was sollte die dagegen haben, wenn ich doch versorgt wäre?

Ein bisschen fühlte ich mich mit dem kleinen Karl-Heinz solidarisch. Er hat keinen Vater – wie ich. Sollte er von Glück reden, dass er es auf der Station so gut getroffen hatte? War das allein schon ein Grund, glücklich zu sein, wie Dr. Wegner sagte?

Seit ein paar Tagen reagierte Karl-Heinz auf seinen Namen. Wirklich ausgesprochen helle, meinte Schwester Leni. Das sei ein ganz wichtiger Schritt für Kinder. Dass sie wüssten, wer sie seien. Als Frau Bartsch zu Besuch kam, hat sie sich, um ihn zu testen, in verschiedene Ecken gestellt und »Paul« oder »Fritz« oder »Gerhard« gerufen. Er hat jedes Mal gelacht, als hätte er verstanden, dass es ein Spiel sein sollte. Aber nur wenn sie »Karl-Heinz« rief, hat er den Kopf zu ihr gedreht, ihr die Ärmchen entgegengestreckt, gejauchzt, und sie hat ihn ein »goldiges Kerlchen« genannt. Sie ist sehr zufrieden mit uns, dass er so großartige Fortschritte macht, und hat mir in ihrer Freude sogar ein Trinkgeld von zwei Mark in die Hand gedrückt. Das mit dem Namen, das müsse sie allerdings noch einmal mit ihrem Mann besprechen, hat sie gemeint. »Karl-Heinz« klinge doch sehr nach etwas, das nicht so recht zu ihnen passe.

KURT

Sehr schräg das alles. Wir wussten ja, dass die Bartschs da wohnten. Uns Kinder interessierte das eher weniger. Aber die Eltern redeten natürlich. Klatsch und Tratsch halt. Die hielten sich für was Besseres. Also nicht unsere Eltern, die Bartschs halt. Da musste man sich nicht wundern, dass die Leute redeten. Das ist ja praktisch eine Aufforderung, Haare in der Suppe zu suchen. Und zu finden! Klar, wo gäbe es die nicht? Die Bartschs hatten reichlich. Und jede Menge davon auf den Zähnen.

Der Alte, der führte die Metzgerei, das war für den praktisch »die Bude zur ewigen Lampe«, der hat ja nichts anderes gemacht, als arbeiten, war von früh bis spät weg. Hart wie Kruppstahl. So ein Feldwebel-Typ. Hat immer geschrien. Hab den nie lachen sehen. Mit *der* Frau hatte der aber auch nichts zu lachen. Die war fast noch schlimmer. Ein richtiger Dragoner! Die hat im Betrieb mitgearbeitet. Teilweise zumindest. Anders wäre es ja auch gar nicht gegangen. Ansonsten zu Hause das Kommando geführt. Die Dienstmädchen gescheucht. Die Brüllerei konnte man in der ganzen Nachbarschaft hören. Die hätte den totalen Putzfimmel, hieß es. Und wenn die beiden zusammenkamen, haben sie sich auch angeschrien. Nach außen aber immer auf etepetete gemacht. Mit den Nachbarn wollten die jedenfalls nichts zu tun haben. Dabei konnten sie denen ja nun wirklich nichts vormachen. Hier kennt doch jeder jeden. Klar haben die gegrüßt, wären ja auch schön dösig gewesen, war schließlich alles Kundschaft. Mögliche zumindest. Ich meine, man fuhr ja nicht unbedingt nach Katernberg, wenn man was brauchte. Überhaupt konnte sich ja nicht jeder gleich wieder Fleisch leisten. Aber das ging dann doch alles ziemlich schnell wieder aufwärts nach den ersten paar schrecklichen Jahren, als der Krieg zu Ende war. Mit Währungsreform, Wirtschaftswunder und so. Die Bartschs waren jedenfalls voll dabei. Haben aber auch was getan dafür. Da konnten denen die Leute nicht völlig wurst sein, also höflich waren die schon. Aber eben immer distanziert. Wie gesagt, uns Kinder hat das alles erst mal überhaupt nicht interessiert. Wir hatten andere Probleme. Ich meine, alles hat ja zwei Seiten. Oder mehr. Ich möchte keinem so eine Jugend wünschen, wo man sich am Ende nur noch wegducken kann unter den Bomben. Überall starben die Leute, die halbe Familie, die meisten Nachbarn waren weg. Aber man hat auch erlebt, dass die Leute zusammenrückten. Als es am Ende nur noch ums nackte Überleben ging, da spielte es keine Rolle mehr, was du vorher gemacht hattest. Nur Geben und Nehmen. Umso bekloppter, dass es dann direkt wieder losging damit. Natürlich gab es die, die sich was hatten retten können oder zumindest sofort wieder zugeschlagen haben. Wer da zögerte oder nachdachte, hatte gleich die Arschkarte. Aber das waren so Dinge, die man als Jugendlicher gar nicht gleich kapierte. Man sah nur das Ergebnis: Die einen konnten sich in Nullkommanichts alles leisten. Die anderen guckten in die Röhre. So richtig schlecht ging es auf längere Sicht keinem, klar. Man musste nur sagen können: Schwamm drüber. Mein Vater konnte das nicht. Der war zwar verwundet, aber halbwegs heil rechtzeitig zurückgekommen aus Polen. Steckschuss in der Schulter. Zwischen Schlüsselbein und Herz, haarscharf an der Arterie vorbei. Riesenschwein gehabt. Hätte gleich wieder im Bergbau anfangen können. Die meisten arbeitsfähigen Männer waren schließlich in Kriegsgefangenschaft, die Zwangsarbeiter weg. Aber zuallererst kam das Fressen. Auf Zeche ging es drunter und drüber, zumal die Besatzer sich nicht einigen konnten: Sollten sie die Wirtschaft zerschlagen oder doch lieber wieder aufbauen? Anfang '46 gab es die Schlagwetterexplosion in Bergkamen. Über 400 Bergleute tot. Das hat keinen Kumpel kaltgelassen. Im April '47 ging gar nichts mehr, überall Hungerstreiks. Da haben die Besatzungsmächte endlich kapiert, dass sie was tun mussten. Die CARE-Pakete waren das eine. Und die Bergwerksgesellschaften haben sie wieder aufgebaut, und es gab die D-Mark. Die Stahl- und Rüstungswerke von Krupp, das war für die natürlich heikel. Den Alfried haben sie interniert und ihm den Prozess gemacht. Aber als das mit dem kalten Krieg losging und die Amis nach Korea sind, da saß man ganz flott wieder in einem Boot.

Wie gesagt, an uns Kindern ging das eigentlich alles vorbei. Zu spüren bekommen haben wir es natürlich trotzdem. Und mein Vater, der hatte das alles nicht verdaut gehabt. Der hat sich am Ende geweigert, wieder einzufahren. Obwohl die Bergleute ja wirklich nicht schlecht bezahlt wurden. Der hatte eine solche Panik vor Gruben, dass er noch nicht mal bei uns in den Keller ging. Uns hat er es auch verboten. »Wegen dem Schwarzen Mann?«, habe ich gespottet.

Es war ihm unangenehm. »Ich ertrage das einfach nicht.«

Als wenn das etwas erklärte!

»Meinst du, uns stößt etwas zu da unten?«

Aber er wollte sich nicht weiter äußern. Wir haben den Keller schließlich den Nachbarn vermietet.

Das eine muss man dem Bartsch zugutehalten. Der hat gesagt: »Ganz egal, was du gelernt hast. Hauptsache, du kannst anpacken.« Das hieß bei dem aber auch: arbeiten. Feste Zeiten kannte der nicht. Dafür gab's dann wieder anständiges Essen bei uns. Wie gesagt. Hatte alles sein Gutes und Schlechtes. Für uns Kinder war die Nachkriegszeit, als wir nicht mehr hungern mussten, eigentlich ein großes Abenteuer. Die ganzen Ruinen! Heute würde man das einen riesigen Abenteuerspielplatz nennen. Da gab es so viel zu erobern und zu entdecken! Das war natürlich nichts für Hosenschisser, klar. Im Gegensatz zu heute hatten wir jedenfalls ziemlich viele Freiheiten. Natürlich musste man zu Hause mit anpacken und das nicht zu knapp. Da gab's überhaupt keine Diskussionen. Aber den Rest der Zeit hat man draußen verbracht, wir hatten unsere Banden und mussten unser Revier sichern.

Dass die Bartschs jetzt was Kleines hatten, war ein offenes Geheimnis. Frau Bartsch hatte den Jungen ein paarmal in die Metzgerei mitgebracht. Etepetete hin oder her – mein Vater kriegte ihn auf den Arm und sollte sich um ihn kümmern. Da war der aber auch schon ein Jahr alt. Der Junge, meine ich. »Ein richtiger Wonneproppen«, sagte Vater. »So ein süßes Döppken!« Das wollte was heißen. Mein Vater konnte mit Kindern eigentlich überhaupt nichts anfangen. Von Hilde und mir hatte der nicht viel mitgekriegt. Ich war gerade geboren, als er wegmusste. Meine Schwester haben sie auf Heimaturlaub gemacht.

Warum die Bartschs in der Goethestraße mit ihrem Blag so heimlich taten, kann man nur kapieren, wenn man sich in das Hirn von solchen Leuten reindenkt. Unsere Eltern schüttelten den Kopf. Aber spuckten natürlich nicht in die Hand, die sie nährte. Wir haben nur gewusst, dass die Alte das nicht selbst ausgebrütet hatte. Die war im letzten Jahr eine ganze Weile im Krankenhaus gewesen, da hatten sie der den Bauch ausgeräumt, sodass da nichts mehr ging. Ob Vater Bartsch was mit dem Kind zu tun hatte, wusste keiner. Aber dass die beiden sich ein Döppken gewünscht hatten, war klar. Einer der Gesellen erzählte, dass der Bartsch mal ein Paar kleine Lackschühchen vorgezeigt hatte. Das kennt man ja sonst nur von Frauen. Dass die Strampler stricken, bevor die überhaupt gefietzelt haben, also was Männer und Frauen so im Bett miteinander machen. Die Bartschs wollten auf jeden Fall vorsorgen. Wenn man schon so einen Betrieb hat, braucht man auch einen Thronfolger. Den hatten sie also jetzt. Aber sie sperrten ihn praktisch die ganze Zeit im Haus ein. Gut, an ihrem Lebenswandel hatte sich ja auch nichts geändert. Er hat malocht, sie im Betrieb und im Haus in der Goethestraße den Besen gegeben. Da hatte sie ja Dienstmädchen, die sie rumscheuchen konnte. Die Oma kam jeden Tag vorbei, also ihre Mutter, und ging wohl auch mal mit dem Kinderwagen vor die Tür. Die beiden Bartschs gar nicht. Das war natürlich dumm, dass die so eine Geheimniskrämerei daraus machten. Und daran waren die auch selbst schuld, dass die Leute sich das Maul zerrissen.

Als wir an einem Sonntag am Mittagstisch saßen, schob Oma Bartsch gerade den Kinderwagen vor dem Fenster vorbei. Von den Eltern keine Spur. Dabei war die Messe längst aus, zur Kirche gingen die eh nicht. Aber den heiligen Sonntag achtete selbst der Metzgermeister Bartsch und ging nicht zur Arbeit.

Mutter guckte der alten Frau hinterher, die mit dem Kinderwagen vor dem Fenster herdackelte. »Die Alsche hält sich doch wirklich für was Besseres«, sagte sie mehr zu sich als zu uns. »Die will ihr Prinzchen einfach nicht dem Gesocks hier aussetzen.«

Vater schien sofort zu wissen, dass mit der Alschen nicht die Alte hinter dem Kinderwagen, sondern deren Tochter gemeint war.

»Das ist doch ganz einfach«, sagte er. »Wenn die beiden mit dem Blag nicht vor die Tür gehen, müssen sie keine Fragen beantworten. Der Bartsch will am Ende nicht, dass die Leute denken, er hätte nichts zwischen den Beinen, sodass sie es sich anderswo besorgen mussten. Vielleicht hatte er ja auch ein Fistanönchen, und seine Frau hat den Kuckuck geschluckt, aber ist natürlich trotzdem knatschig. Was meinst du, warum die beiden immer so liebevoll rumturteln!«

»Fista-was?« Das Wort hatte ich noch nie gehört.

Mutter gab Vater einen Klaps auf den Mund. »Wie du wieder redest, Heinrich!«

»Die Kinder sind alt genug. Die sollen ruhig wissen, wie es auf der Welt zugeht!« Vater hielt Mutters Hand fest und tätschelte sie, als wollte er sie beruhigen: »Fistanönchen heißt es, wenn jemand was mit einer anderen Schickse hat.«

»Schickse!« Mutter verdrehte die Augen.

»Na, der wird die schon gut bezahlt haben.«

»Du meinst, sie haben das Baby irgendwo gekauft?«, fragte meine kleine Schwester.

Vater grinste und hob die Schultern.

»Das ist garantiert nicht von irgendeiner Schlunz. Wetten? Die legen doch immer Wert auf einwandfreie Ware«, spottete Mutter.

Vater brummte. »Die haben ja Erfahrung!«

»Womit?« Hilde und ich spitzten die Ohren.

»Meinst du die Sache mit der Mutter von dem Bartsch?«, fragte Mutter. »Die ihren Mann angezeigt hat?«

»Den zweiten. Nicht den Vater des Jungen. Der hatte die wohl nur wegen des Geschäfts geheiratet. Also der zweite Mann. War ja auch Metzger. Wollte sich halt ins gemachte Nest setzen.«

»Angezeigt?«, fragte ich. »Bei der Polizei?« Das wurde ja immer spannender!

Vater verschränkte die Arme. »Na los, Annemarie, du kannst dich doch immer viel besser ausdrücken! Willst du den Kindern das nicht erklären?«

»Ja, was denn?« Mutter tat, als hätte sie keine Ahnung, was er meinte.

»Du weißt genau, wovon ich rede! Was der mit dem Lehrjungen gemacht hat! Von wegen Paragraf 175.«

»Was hat der Graf mit dem Lehrjungen gemacht?«
Das war Hilde.

»Oh Gott!«, kreischte Mutter. »Das ist ja wohl Männersache! Das musst du jetzt erklären!«

Ich muss meinem Vater hoch anrechnen, dass er sich wirklich bemüht hat, Hilde und mir zu erklären, dass es Männer gab, die, statt sich mit Frauen zusammenzutun, um Kinder zu machen, das mit anderen Männern versuchten.

Hilde musste kichern. »Sind die blöd? Wie sollen Männer Kinder kriegen? Oder, Mama? Das geht doch gar nicht!«

Mutter war feuerrot geworden. »Natürlich geht das nicht«, sagte sie. »Es geht ja auch gar nicht darum, Kinder zu machen. Die sind einfach nur krank. Tiere sind das!«

»Welche Tiere machen schon so ein widerliches Zeug?«, brummte Vater.

»*Was* für ein Zeug?«

»Na, ist ja gut, dass wir drüber sprechen«, sagte Vater, der das offensichtlich gar nicht gut fand. »Es gibt nun mal Männer, die haben so einen starken Trieb, dass sie vor nichts Halt machen. Auch nicht vor Kindern. Passt bloß auf! Nicht nur die Mädchen. Dass ihr mir nie mit fremden Männern mitgeht! Euch von niemandem anpacken lasst!«

»Aber was machen die denn mit den Kindern?«, wollte ich wissen.

»Das wollt ihr gar nicht wissen«, grollte Vater. Damit war für ihn das Thema erledigt. Doch, natürlich wollte ich es wissen! Weshalb hatte ich schließlich gefragt? Ich hab mir nachher auf der Straße von Walter erklären lassen, wie das gehen sollte und was das mit dem Paragraf 175 auf sich hatte. Der Walter war, bevor er zu uns um die Ecke in die Liliencronstraße zog, in der Nähe der Stahlstraße groß geworden, dem Essener Rotlichtmilieu. Da mussten einem die Eltern gar nichts erklären, da lernte man alles auf der Straße.

Mutter war froh, dass Vater seinen Aufklärungsunterricht beendet hatte. »Ihr wolltet schließlich was über die Bartschs wissen, nicht über so ein krankes Schwein«, setzte sie nach. »Dieser Mann war mit denen nicht verwandt – zum Glück. Der war nur hinter dem Geld von der Alten her. Kein Wunder, dass die vorsichtig sind, wenn sie sich ein fremdes Kind in die Familie holen. Der Gerhard Bartsch, der hat da ja einiges miterleben müssen.«

»Gerhard heißt es?«

»Nein, das ist der Chef von deinem Vater! – Das Baby hat sicherlich auch schon einiges mitmachen müssen. Wer weiß, aus welchen Verhältnissen das kommt«, stellte Mutter klar.

»Und wie heißt das Baby nun?«, wollte Hilde wissen.

»Jürgen«, sagte Vater. »Jürgen Bartsch.«

☙❧

ANNI

Es hat gedauert, ehe ich mich an den Namen gewöhnen konnte. Ich hab das erst überhaupt nicht verstanden. Ich meine, das war doch der Karl-Heinz! Elf Monate lang hatte er diesen Namen gehabt, auch für die Bartschs! Einen Namen kann man doch nicht wechseln wie ein Hemd! Als wenn man versucht, einen Menschen neu zu erfinden! Als das eigene Kind. Was er ja gar nicht war! Nicht ihr leibliches Kind. Und die Adoption hatten sie immer noch nicht vollzogen, taten aber so, als ob – und leugneten es gleichzeitig! Ich musste schwören, niemals ein Sterbenswörtchen zu irgendwem darüber zu verlieren, dass sie ihn adoptiert hatten. Wofür schämten sie sich? Für das Kind? Für die eigene Unfähigkeit, Kinder zu kriegen?

Dabei taten sie sich selbst mit dem neuen Namen schwer. Wenn Frau Bartsch sauer auf den Kleinen war, hieß er bei ihr auf einmal wieder Karl-Heinz. Jürgen war er nur, wenn er keine Probleme machte. Offensichtlich machte er mehr Probleme, als sie gedacht hatte, und er traf ihren empfindlichsten Punkt: Er war nicht sauber! Für ein anderthalbjähriges Kind ja nichts Ungewöhnliches. Für die Bartsch schon. Die ekelte sich bis in die Haarspitzen. Mir kam der Gedanke, sie hätte extra bis zum elften Monat gewartet, um sicher zu sein, dass wir ihn im Krankenhaus gewissermaßen stubenrein gekriegt hatten. Hatten wir ja auch! Auch wenn Schwester Leni und Schwester Nella in dem Punkt durchaus verschiedener Ansicht waren. Schwester Leni hatte ihn zwar auch immer auf den Topf gesetzt, aber sie hat immer gesagt, man dürfe das nicht forcieren. Was so viel hieß wie: kein Zwang. »Nazi-Methoden führen zu nichts. Wenn man Kinder zwingt, werden sie früher oder später wieder rückfällig und brauchen umso länger, ehe sie dann wirklich sauber werden«, prophezeite sie. Wie sich zeigte, hat sie recht behalten. Obwohl ich mich nicht erinnere, dass auf der Station irgendein Zwang auf ihn ausgeübt wurde. Er kam auf den Topf und blieb da sitzen, bis er sein Geschäft gemacht hatte. Dann haben wir ihn bewundert und gelobt. Das hat ihm gefallen. Da war gar kein Zwang nötig. Bei den Bartschs war das anders. Da konnte er nichts gut machen. Aber viel verkehrt. Das hat er dann gemacht.

Wir hatten geheult, als er abgeholt wurde. Schwester Leni hielt ihn auf dem Arm, und alle standen drum herum und wollten ihn ein letztes Mal drücken, während die Bartschs im Flur warteten. »Fast ein Jahr!«, sagte Schwester Leni und strich ihm über den Kopf, während er sich an ihre Schulter kuschelte und den Umstehenden unter seinen seidigen Wimpern kokett zulächelte. »Wie wollen die das bloß aufholen?«

Es stellte sich heraus, dass die frischgebackenen Eltern gar nicht darüber nachdachten, dass es irgendetwas aufzuholen gab. Dafür hatten die gar keine Zeit. Aber sie ließen sich ihr Kind was kosten. Die erste Maßnahme, die sie ergriffen, als klar war, dass sie das mit der Sauberkeitserziehung noch mal von vorne beginnen mussten, war, dass sie ein Kindermädchen einstellten. Als persönliche Betreuerin des Jungen. Als es sich nach einem halben Jahr nicht gebessert hatte, haben sie sie wieder gefeuert. Frau Bartsch hat Schwester Nella um Hilfe gebeten. Schließlich hätte das bei uns doch super geklappt mit dem Jürgen. Sie brauchte eine ausgebildete Kinderkrankenschwester. Am besten eine, die den Jungen schon kannte. Hat auch noch mal eine Spende für die Station in Aussicht gestellt. Schwester Nella rief mich dann zu sich und hatte ein längeres Gespräch mit mir. Die Bartschs boten mehr, als ich im Krankenhaus verdiente. Bei besseren Bedingungen. So hieß es jedenfalls.

Mama meinte: »Und da zögerst du noch eine Sekunde?«

Nein, für mich war das Geld nicht ausschlaggebend. Ich hatte noch ein Vierteljahr bis zur Prüfung. Die war mir wichtig. Aber Schwester Nella versicherte, dass ich auch extern antreten könnte. Sie würden mir ein entsprechendes Zeugnis geben. Da sagte ich schließlich zu. Karl-Heinz zuliebe. Den hatte ich wirklich vermisst.

Ich hab es oft bereut. Wenn ich an den Jungen denke, wieder nicht. Aber die Mutter hat mir das Leben schwer gemacht. Nicht nur mir.

Auf der Säuglingsstation war Sauberkeit das höchste Gebot gewesen. Ich glaube nicht, dass wir in der Hinsicht schlampig waren. Aber was Frau Bartsch in puncto Sauberkeit verlangte, das war schon zwanghaft. Im Bad mussten die Fugen zwischen den Kacheln mit der Zahnbürste bearbeitet werden. Täglich! Und wehe, sie fand ein Härchen irgendwo! Einmal sagte ich ihr, dass ich doch nicht zum Putzen eingestellt worden wäre, sondern um mich um den Karl-Heinz zu kümmern. Da hätte sie mich fast verprügelt. Den Karl-Heinz sollte ich mir gefälligst aus dem Kopf schlagen, der hieße Jürgen! Vielmehr *sie* schlug ihn mir aus dem Kopf. Jedes Mal, wenn ich in ihrer Gegenwart den Namen nannte, kriegte ich eine Kopfnuss. Manchmal juckte es mich in den Fingern, zurückzuschlagen, wenn ihr das Gleiche passierte.

Als ich das Kind zum ersten Mal wiedergesehen hatte, war es voller blauer Flecken. Und die kamen nicht daher, dass es schon mal hinfiel oder grob angepackt wurde. Sie verschwanden auch nicht. Sie verwendete hölzerne Kleiderbügel dafür! Wie oft man die in diesem Haushalt zerbrochen im Müll vorfand!

In Wirklichkeit hieß kümmern natürlich Sauberkeitserziehung. Dass so ein Kerlchen sich die Buxe vollmachte, dass er sabbelte oder dass mit den Bäuerchen auch Land mitkam, das war ihr alles dermaßen zuwider, dass sie ihn schlug. Ich musste an Schwester Lenis Nazi-Methoden denken.

Der Junge hatte ein Zimmer eingerichtet bekommen, das lag direkt hinter einer Wendeltreppe. Davor eine hohe Mauer. Das Fenster war vergittert und der Raum so dunkel, dass man immer Licht brennen lassen musste. Was war das anderes als ein Gefängnis? Zumal er doch kaum vor die Tür kam!

Aber jede Menge Kuscheltiere! Die hat er auch gebraucht. Zum Reden und Schmusen. Der hatte alles, wovon Kinder träumten, und das, bevor er überhaupt etwas damit anfangen konnte. So viel Spielzeug! Da war ein kleiner Kaufladen, ein Arztkoffer, sogar ein eigenes Radio hatte der in seinem Zimmer! Aber keinen Kleiderschrank, nichts für seine persönlichen Sachen, er hatte da unten auch keine Möglichkeit, sich zu waschen.

Und trotzdem: Ein Nazi war Frau Bartsch nicht. Sie war auch nie in der Partei gewesen. Mit ihrer Mutter hab ich mich manchmal unterhalten. Die kam ja fast täglich, um nach dem Jungen zu sehen. Eine ganz Liebe. Und manchmal hat sie auch ein bisschen erzählt. Dass ihre Tochter zum Beispiel bei Juden im Geschäft gearbeitet hat. Bis die dann aus Deutschland weg sind. Also so eine war die wohl nicht. Aber halt so furchtbar streng. Und dann wieder genau das Gegenteil. Sie konnte Jürgen ihr wunderbares Schätzchen nennen, wenn sie ihm zu essen auflud, und ihn im nächsten Augenblick anbrüllen, weil er die Gabel falsch hielt. Diese Extreme: Zuckerbrot und Peitsche! Viel zu viel Tamtam. Und dann konnte er es ihr nie recht machen. Keiner konnte das. Auch ihr Mann nicht. Wahrscheinlich war das Problem, dass die mit sich selbst nie zufrieden war.

Sie war ja auch schon reichlich alt für so ein kleines Kind. Genau wusste ich das natürlich nicht. Aber bestimmt an die 40. Da hat sich ja vieles schon verfestigt. Sicherlich schwer, sich da noch umzugewöhnen.

Ihr Mann tat mir jedenfalls auch manchmal leid. Der war wirklich alles andere als umgänglich. Aber im Vergleich zu ihr … Zu Hause hatte sie eindeutig die Hosen an. Geprügelt hat den Jürgen, wenn, dann sie. Er hat sich eher schon mal Sorgen gemacht, dass sie ihn zu hart rannahm. »Du prügelst den noch mal tot«, hat er einmal zu ihr in der Küche gesagt, als ich eben rausgegangen war. Ich hab's aber trotzdem gehört. Und es war klar, dass er den Jungen gemeint hatte.

Wenn der Bartsch von frühmorgens bis spätabends im Betrieb war, dann hatte das schon Gründe, denke ich. Der wollte seiner Frau aus dem Weg gehen. Nur: Den Jürgen hat er ihr damit ausgeliefert. Dabei haben die beiden sich gegenseitig vorgeworfen, von wem der Junge seine Unarten hätte. Die haben sich eigentlich dauernd gestritten, wenn ich sie zusammen erlebt habe. Und in einem Punkt bin ich mir sicher, auch wenn ich sicherlich keine Ahnung hatte und schon gar keinen Einblick: Zwischen den beiden ging gar nichts mehr im Bett. Vielleicht war da mal was gewesen. Möglich. Ich selbst hatte ja nun bis zu der Zeit überhaupt keine Erfahrung. Aber ich war auch damals nicht völlig blöd. Wenn der mich manchmal ansah, war da so etwas Hungriges in seinem Blick, das nichts mit mir persönlich zu tun hatte. Es lag einfach in der Natur der Dinge. Und ein bisschen fand ich das dann sogar aufregend und stellte mir alles Mögliche vor. Aber es hat mich immer geschaudert dabei. Das war so von Grund auf falsch alles.

Natürlich habe ich mich auch auf der Säuglingsstation von Zeit zu Zeit noch mal blicken lassen. Nicht nur, weil ich mich auf die Prüfung vorbereiten wollte. Zweimal bin ich dem Dr. Wegner begegnet und habe jedes Mal einen Stich gespürt. Er hatte die Angewohnheit, die Linke unauffällig in der Tasche seines Arztkittels verschwinden zu lassen, sobald jemand hinguckte. Ich hätte die Hand am liebsten festgehalten, mit beiden Händen, hätte sie gerne gestreichelt und – ja, geküsst. Jetzt, wo ich ihm nicht mehr dauernd begegnet bin, hab ich es mir eingestehen können. Vielleicht war das mit ein Grund, weshalb ich zu den Bartschs gewechselt bin. Es hat mich verwirrt. Ich hab auf der einen Seite immer darüber nachgedacht, ob er mich bemitleidete oder wirklich mochte. Bei mir war es kein Mitleid. Es war anders. Der Auslöser war die Behinderung. Wenn ich mir seine Klaue vorstellte, kribbelte es mir geradezu hinter den Ohren, ich fühlte mich innerlich ganz warm, sah mich in meiner Fantasie mit der Fingerspitze die Narbe an seiner Hand abtasten und streicheln und spürte dabei einen Schauder. Im Gegensatz zu dem Gedanken an Herrn Bartsch war es ein ausgesprochen wohliges Gefühl, das freudiges Herzklopfen auslöste. Wie kam es, dass ausgerechnet das Abstoßende an diesem Menschen mich so anziehen konnte? Normal wäre doch, dass das Missgestaltete, Hässliche mir jeglichen Appetit auf ihn verdorben hätte. Ich mochte ihn. Das galt aber für die meisten Kollegen. Sein Makel machte ihn mir zu etwas Besonderem. Weswegen ich mir selbst zu misstrauen begann und ihm lieber aus dem Weg ging. War es meine eigene Sehnsucht nach Zuwendung, die ich auf einen anderen richtete, der so augenfällig zuwendungsbedürftig schien? Erkannte ich in den amputierten Fingern, seinen Narben meine eigene seelische Versehrtheit, die mich nach Liebkosung jener Verletzungen lechzen ließ? Meine Bedürftigkeit durch den fehlenden Vater, die mangelnde Zuwendung durch meine Mutter, die Entbehrungen des Krieges? Im Nachhinein machte ich mir viele Gedanken. Damals war ich nur vollkommen durcheinander und wollte nicht darüber nachgrübeln, weil ich mich geschämt hab, dass ich so empfand. Ich wollte auch nicht über meine Situation bei den Bartschs nachdenken. Versuchte, mich auf meine Prüfung zu konzentrieren, die ich mit Auszeichnung bestand, aber dann gab es lange Zeit nichts, was ich anstrebte, an dem mein Herz hing. Außer vielleicht Jürgen. Aber obwohl ich ja sein Kindermädchen war, hat seine Mutter sich immer dazwischengeschoben. Sie war auf eine ganz merkwürdige Art eifersüchtig, denke ich. Alles, was sie ihm nicht zu geben vermochte an Liebe und Aufmerksamkeit, sollte ihm auch kein anderer geben dürfen. So hab ich das immer empfunden. Ich durfte ihn nicht lieb haben, sondern sollte ihn versorgen. Seine Dienstbotin sein. In allererster Linie natürlich ihre. Jürgen küssen oder streicheln? Nur heimlich! Mit ihm reden, singen, spielen? Anmaßung! Ich war schließlich eine Untergebene, eine nicht Standesgemäße, Ungebildete, die ihm nichts zu bieten hatte. Ihn womöglich hätte verderben können. Es war wie ein schleichendes Gift. Ich fühlte mich dauernd ertappt, musste mich verstellen, alles war irgendwie nicht richtig. Mit der Zeit wurde ich mir selbst immer fremder. Konnte mich letzten Endes nur schützen, indem ich mir nichts mehr zu Herzen nahm. Das hieß aber auch, dass ich alle Freude verlor. An der Arbeit, an der Beschäftigung mit dem Kind, an mir selbst und meinem Leben.

Oder waren das einfach nur meine Backfischprobleme, für die ich sie verantwortlich machte?

Im Alter von vier Jahren sollte der Jürgen in den Kindergarten St. Ludgerus kommen. Die Bartschs legten großen Wert auf eine katholische Einrichtung, obwohl sie selbst nicht zur Kirche gingen. Das bedeutete allerdings einen weiten Weg. Und natürlich war da niemand, der Jürgen hätte kennen können. Ich denke, das war ihnen ganz recht so. Sie hatten immer diese Sorge, andere – erst recht Jürgen selbst – könnten dahinterkommen, dass er nicht ihr leibliches Kind war. Direkt vor der Haustür wäre es allerdings genau das Gleiche gewesen. Da kannte ihn auch keiner. Er hatte praktisch keine Möglichkeit, mit anderen Kindern zusammenzukommen und mit ihnen zu spielen.

Genau um die Zeit war das dann auch mit dem Prozess, das hab ich nur zufällig mitgekriegt, wie sie sich im Nebenzimmer darüber unterhielten, weil sie ja zum Gericht mussten. Die hatten den Kindsvater ausfindig gemacht, und das Amtsgericht Duisburg-Hamborn hat den dann dazu verurteilt, dass er Unterhalt zahlen musste. Der lebte damals in Holland.

Die haben schon geguckt, wie sie ihr Geld zusammenhalten konnten. Das war ja auch wieder ein guter Grund, die Adoption hinauszuschieben. Dann hätte es keinen Unterhalt mehr gegeben. Der Jürgen wurde von allem ferngehalten, der durfte überhaupt nichts wissen.

Die Oma machte gerne Spaziergängen mit ihm in den Gruga-Park. Er erzählte so begeistert von den Tieren und dem Bummelzug! Mit Kindern kam der da auch nicht zusammen. Ansonsten gab es noch zwei Tanten, eine in Essen, die andere in Neuss, die die Familie gelegentlich besuchte. Das war es dann schon mit den Kontakten. Außer seiner Oma und der einen Tante hat sich doch keiner aus der Familie mit ihm abgegeben. Dabei hatten die Eltern ihm zu Weihnachten eine große Spielesammlung geschenkt, lauter Gesellschaftsspiele. Was sollte er damit, wenn doch nie jemand mit ihm spielte? Wenn ich mich mit ihm hinsetzen wollte, hieß es, ich sei faul! Mit dem Kleinkind durfte ich noch spielen, Kinderspiele. Augen zuhalten und »Kuckuck!« rufen, Haschen und Verstecken. Als er sprechen lernte, hätte ja die Gefahr bestanden, dass er mich als ebenbürtig aufgefasst hätte. Da durfte ich ihn nur noch bedienen und musste die Gosche halten. Das waren die Worte von Frau Bartsch! Er hätte ja schlimme Ausdrücke von jemandem wie mir lernen können.

Wenn er in der Metzgerei war, wurde er immer bei dem Heini abgegeben, einem der Arbeiter da. Der hat ihm dann Lieder vorgesungen und ihn mit Kniereiterspielen beschäftigt. Den hat er geliebt. Der Heini war genau wie ich jemand zum Aufpassen. Aber kein passender Umgang. Für die Bartschs waren die eigenen Arbeiter doch samt und sonders Geschmeiß! Dabei liebte der Jürgen es, wenn man einfach mal mit ihm »Hoppe Reiter« machte! Und Musik! Während ich oben in der Küche oder im Bad gearbeitet hab, hörte ich ihn oft in seinem dunklen Zimmer singen. Zu Schlagern im Radio. Freddy Quinns »Junge, komm bald wieder« oder Lale Andersens »Lily Marleen« oder Zarah Leanders »Ich weiß, es wird einmal ein Wunder geschehen« und solche sehnsüchtigen Schmachtfetzen. Wenn man ein kleines Kind solche Sachen singen hört, das gibt einem schon einen Stich ins Herz.

Wie er in den Kindergarten kam, haben sie mir den Vertrag gekürzt. Ich fand das erst nicht schlimm, weil ich die Arbeit sowieso satt war und mich zwischenzeitlich zur Abendschule angemeldet hatte. Ich wollte raus da, weiter lernen. Mit dem Geld, dachte ich, würde ich schon irgendwie hinkommen.

Der Kindergartenbesuch war nicht nur mit weiten Wegen verbunden. Es stellte sich heraus, dass der Jürgen vollkommen überfordert war. Er muss die meiste Zeit in der Ecke gestanden und geweint haben. Wie sollte er der fremden Umgebung und den vielen Kindern auch gewachsen sein? Er war dann nicht allzu häufig in der Einrichtung, wurde ein bisschen zwischen Oma und Betrieb und zu Hause hin und her geschoben. Ich war ja nun nicht mehr regelmäßig da und habe nicht allzu viel mitbekommen. Wollte es vielleicht auch nicht wissen. Aber natürlich haben sie mir das nicht erzählt. Die Oma hat es schließlich mir gegenüber einmal fallen gelassen, dass sie sich sorgte, weil er so ungern dorthin ging.

Er ist mir mit der Zeit einfach entglitten. Brauchte man mich da ohnehin nicht eigentlich nur zum Putzen? Zuletzt waren es zwei Nachmittage die Woche, an denen ich noch kommen sollte. Jürgen bekam ich da oft gar nicht mehr zu Gesicht.

Es war dann auch so, dass mich einiges beschäftigt hat, das mehr mit mir persönlich zu tun hatte. Wie das halt mit Mädchen in dem Alter ist. Das mit dem Geld stellte sich zunehmend als Problem dar, weil ich meiner Mutter auf keinen Fall auf der Tasche liegen mochte. Auf der anderen Seite hab ich mir doch auch mal ein Kleid oder einen Lippenstift kaufen wollen! Also half ich schließlich zwei, später drei und zum Schluss vier Vormittage die Woche in einem anderen Haushalt aus. Der Mann war Witwer und kriegsversehrt. Keine Beine mehr. Wie hätte der selber sauber machen können? Das Putzen beherrschte ich ja aus dem Effeff.

Die Abendschule hab ich aber eisern weitergemacht, schließlich brauchte ich den mittleren Schulabschluss, wenn ich nicht für immer Schwesternhelferin bleiben wollte. Das mit dem Kindermädchen war nun mal nichts auf Dauer und schon gar nicht in diesem Haushalt, der einem nur aufs Gemüt schlagen konnte.

Kurz bevor der Jürgen eingeschult wurde, hab ich bei den Bartschs gekündigt. Wenn ich es nicht getan hätte, wäre es wohl von ihnen gekommen. Den Rest Stolz hatte ich immerhin noch, dass ich der Chefin das nicht gegönnt habe, dass sie mich rausschmiss. Als ich es dem Jürgen gesagt habe, hat er sich urplötzlich heftig an mich geklammert und geweint. Ich hab mich richtig schlecht gefühlt auf einmal.

»Bitte bleib, Anni, bitte! Lass mich nicht allein!«, hat er geschluchzt.

Da hab ich auch weinen müssen. Ich hab ihm versprochen, dass ich noch einmal darüber nachdenke. Aber wenn ich ganz ehrlich war – ich hab mehr meinet- als seinetwegen geweint, und dafür hab ich mich wiederum so geschämt, dass ich erst recht dachte: Du musst hier unbedingt weg!

KURT

Das war doch völlig normal, dass die Kleinsten einen auf den Deckel kriegten! So fängt doch jeder an! Mich haben sie damals in die Tonne gesteckt und drauf rumgetrommelt. Das waren damals so metallene Tonnen, Aschentonnen halt. Da wär sonst alles abgefackelt, die Rückstände haben ja meist noch nachgeglüht. Wenn man da so im Dunkeln im Dreck steckt – ich kriegte kaum Luft, weil die Asche so rumgewirbelt ist –, und dann das Getöse, ich dachte, mir platzt der Kopf, hatte Herzrasen und Atemnot. Damals hab ich wirklich gedacht, die bringen mich um! Ich komm da nie mehr lebend raus! Klar war das die Hölle. Da musste man durch. Und natürlich haben alle das dann so oder ähnlich wieder mit den Nächstjüngeren gemacht. Im zweiten Schuljahr konnte ich drüber lachen. Das waren so Erfahrungen. Die gehörten damals halt dazu. Wenn man dazugehören wollte. Deswegen sind wir doch trotzdem alle ganz normale Menschen geworden!

Als der Jürgen an die Schule kam, war ich schon älter, zehn oder elf. Da hab ich nicht mehr direkt mit dem zu tun gehabt. Aber der fiel auf. Mal abgesehen davon, dass ich ihn über meinen Vater ja kannte. Weil der bei dem Bartsch in der Metzgerei gearbeitet hat. Ein »süßes Döppken« hatte mein Vater den genannt.

Das hab ich ja gar nicht glauben wollen. So was kannte ich von meinem Vater bis dahin nicht. Aber da gilt wohl: Wes' Brot ich ess, des' Lied ich sing. Der kleine Bartsch hatte das schon ganz früh raus, Erwachsene um den Finger zu wickeln. Das haben die Eltern dem aber auch eingebläut. Pfötchen geben, Diener machen, höflich grüßen und die Tür aufhalten – Speichellecker-Spielchen! Bei den Lehrern hat der damit mächtig Eindruck geschunden. Der war immer was Besseres. So ein richtig kleiner arroganter Arsch! Der Hahnemeier, sein Klassenlehrer, hat den nachmittags auch schon mal mit zu sich nach Hause genommen. Das kriegte der natürlich extra bezahlt. Mittagessen, Nachhilfeunterricht gab's wahrscheinlich obendrauf. Das Söhnchen war gut untergebracht, immer vom Feinsten versorgt, klar.

Dabei war der so eine Memme! Der Jürgen, meine ich! Dass der es so dicke abgekriegt hat, das hatte der sich schon selbst zuzuschreiben. Was für ein verzärteltes Mamakind!

Im zweiten Jahr ist der noch mit seiner Mutter oder der Oma angetrottelt gekommen. An der Hand! Das muss man sich mal vorstellen! Ich meine, kein Kind ist alleine gekommen, alle kamen immer irgendwie zusammen. Gebracht wurde keiner. Oder höchstens in der allerersten Woche. Wir hatten so eine Art Abholkette. Der am weitesten weg wohnte, kam ja da vorbei, wo die anderen waren. Die haben dann manchmal schon gewartet oder umgekehrt. Klar hat man sich immer untereinander auf dem Weg auch geknufft und gebalgt. Freundschaftlich.

Bei den Mädchen war das ganz anders. Die Hilde ist am liebsten mit ihrer Freundin Helga untergehakt gegangen. Wenn dann noch welche dazugekommen sind, dann haben die eine Reihe gebildet und gesungen. Ich weiß noch: »Ein Hut, ein Stock, ein Regenschirm. Und vorwärts, rückwärts, seitwärts, ran!« Dazu sind die dann im Gleichschritt marschiert und gehüpft. Weiber halt. Klar sind wir manchmal hinter denen her und haben die nachgeäfft, aber im Grunde fanden wir die albern, vollkommen unter unserer Würde und haben die natürlich links liegen gelassen. Da hat man sich nicht mit abgegeben. Nur wenn man sonst nichts hatte. Aber klar, Schwestern und deren Freundinnen musste man natürlich schon von Zeit zu Zeit ärgern.

Den Schulhof haben sich damals Jungen und Mädchen schon geteilt, aber im Grunde war das streng getrennt und vollkommen undenkbar, dass die Mädchen bei den Jungs standen oder ein Junge Mädchenspiele mitgemacht hätte. Die Mädchen sind Gummitwist und Seil gesprungen und haben dazu idiotische Quatschlieder gesungen wie: »Der Kaiser von Rom, Napoleon sein Sohn, der war noch viel zu klein, um Kaiser zu sein ...«

Was für Jungen zählte, waren die anderen Jungen. Da gab es eine klare Zugehörigkeit und Hackordnung. Wir von der Ecke Goethestraße-Haumannplatz haben natürlich zusammengehalten. An der Franziskastraße ist man auf dem Schulweg dann auf die Rüttenscheider gestoßen. Also die aus der Rüttenscheiderstraße, Brassertstraße und so. Das waren dann unsere Feinde. Das hat man meist schon vor dem Unterricht geklärt.

Konnte durchaus sein, dass man die Nase blutig hatte, ehe man am Schultor angekommen war. Das haben wir schon ernst genommen.

Die Kleinen zu veräppeln, das war eher Zeitvertreib. Aber wie gesagt, der Jürgen hat es auch herausgefordert. Wie der mit seiner Mutter kam, das war einfach peinlich. Am Händchen die große gefährliche Straße überquert – als wenn es da keine Schülerlotsen gegeben hätte! Dann hat die den an der Ecke schließlich verabschiedet. Wahrscheinlich hatte die sich bald noch mehr in die Hosen gemacht als er. Wuahaha! Die letzten 100 Meter alleine gehen! Na, und da hatten die anderen natürlich nur drauf gewartet. Der dicke Beckmann, das war sein größter Angstgegner. Der stand dann schon im nächsten Hauseingang, und wenn der Jürgen kam, hat er den ganz freundlich von der Seite gegrüßt: »Morgen, Ullifurz!« Da hat das kleine süße Döppken schon gleich einen Satz zur Seite gemacht, als hätte ihn der Teufel höchstpersönlich angefallen. Das war echt zum Schreien, wie der sich bepinkelt hat, wenn der den Beckmann gesehen hat. Der musste gar nicht mehr viel tun.

Wie konnte man auch so selten dämlich sein! Der hat es, glaube ich, gar nicht kapiert, warum die ganzen Jungs den auf dem Kieker hatten. Die Olle hat dem immer Butterbrote mitgegeben, einen ganzen Stapel, dick beschmiert mit guter Butter und Wurst natürlich. Das waren so richtig fette Dinger. Da hätten wir uns alle die Finger nach geleckt. Ich meine, wer hatte es denn schon so dicke damals? Und was machte der kleine verwöhnte arrogante Pinkel? Sobald die Olsche außer Sichtweite war, schmiss der das Brot in die Büsche! Was

Besseres konnte man sich ja kaum einfallen lassen, wenn man wollte, dass einen alle hassen!

Da hatte der im Nullkommanix die ganze Meute hinter sich her, während einer das Brot wieder aus der Botanik geholt hat. Das wurde dann später zwischen den Jägern aufgeteilt.

Ich weiß noch, wie der einmal in den Kiosk gerannt ist, an der Ecke Wehmenkamp, da ist der Kioskbesitzer rausgekommen und hat mit dem Beckmann geschimpft. Der sollte sich schämen und so. Der Dicke hat den Kopf hängen gelassen und getan, als wäre er total zerknirscht, und die anderen haben sich halb tot gelacht. Kaum hat der Mann sich rumgedreht, da hatten die den Bartsch wieder am Schlafittchen. Wie der um Gnade gefleht hat! Der hat einfach nicht kapiert, dass man mit Jammern nicht weiterkommt.

Vor Hunden hatte der auch einen Heidenschiss. Neben dem Schultor war die Wohnung von dem Hausmeister, und der hatte einen Spitz, so einen kleinen Kläffer. Um den hat der Jürgen immer einen Riesenbogen gemacht. Wenn er an dem vorbeimusste und der bellte, dann kriegte der sofort so einen panischen Blick. Das war für die anderen natürlich ein gefundenes Fressen. Die haben den Hund mit einer Scheibe Wurst gelockt, auf den Jürgen gezeigt und gerufen: »Fass!« Die Bangbüx hat sich gleich rumgedreht und ist weggerannt. Das fand der Hund natürlich lustig und ist hinterher. Die ganze Meute hat den angefeuert und aufgehetzt. Nur aus Blödsinn natürlich! Am Ende hat der den Jürgen dann aber tatsächlich erwischt und in den Hintern gebissen. Alle haben gebrüllt vor Lachen, als der mit beiden

Händen am Hosenboden rumgehüpft ist und vor Angst gekreischt hat.

Na, irgendwann ist der dann halt zu mir gekommen. Der wusste ja auch, dass mein Vater bei seinem Vater gearbeitet hat. Und ich war schon groß, gehörte also nicht zu denen, die den direkt geärgert haben. Klar hab ich mich mit Größeren auch gekloppt, das gehörte dazu. Aber mit den ganz Kleinen hab ich mich damals eigentlich nicht mehr abgegeben. Da waren andere für zuständig. Der hat mich also auf dem Schulhof angesprochen, als ich zufällig in der Nähe von der Aufsicht vorbeikam. Das war für die Hosenschisser ja die Rettungsinsel, die sind immer um die Lehrer rumschlawinert. Wo die in den Pausen halt standen.

»Du, Schimanski?«, hat er gesagt. Ich hab mich im ersten Moment ein bisschen gewundert, dass er meinen Namen kannte. Ich meine, wir hatten nie ein Wort miteinander geredet. Er hat ja mit keinem geredet! Und ich stand ja eigentlich weit unter dem, so von wegen was Besseres. Aber der hat immer aufgepasst und alles beobachtet. Ich glaube, das war schon typisch für den, dass er genau hingeguckt hat. Wohl schon aus Selbstschutz. Aber der war eben auch eine linke Bazille.

»Ja?«, hab ich gesagt und extra seinen Namen nicht genannt. Ich ging ja schließlich schon in die vierte Klasse, und wir waren nicht im Betrieb. Das hier war mein Revier, nicht seins. Ich konnte also so tun, als wüsste ich gar nicht, wer er war.

Da sagte der doch zu mir: »Willst du dir ein bisschen Geld verdienen?« Ich hab mich bald langgelegt. Kommt dieses Ullifürzchen daher wie Graf Koks in der Gasanstalt! Ganz der feine Pinkel! So von oben herab! Zu mir, der ich vier Jahre älter war als er!

Ich hab die Daumen in die Gürtelschlaufen meiner Hose gehakt. Wie man großkotzig auftrat, konnte man sich auch auf den Kinoplakaten abgucken, wenn man es nicht in die Wiege gelegt gekriegt hatte. Bei John Wayne in »Ringo« oder Curd Jürgens in »Des Teufels General«.

»Was hast du denn zu bieten, Kleiner?«, hab ich gesagt.

Er hat die kleine Faust geöffnet und mir eine Münze gezeigt. »Eine Mark!«

Das war nicht ohne. »Was soll ich dafür tun?«, hab ich gefragt.

»Mich vor dem Beckmann beschützen.«

»Na, dann her mit den Moppen! Aber nur für eine Woche!«, hab ich gesagt, mir die Münze geschnappt und dem Heinz Beckmann Bescheid gegeben, dass er den Jürgen Bartsch gefälligst bis zum nächsten Donnerstag in Ruhe lassen sollte. Sonst kriegte er es mit mir zu tun. Mehr war nicht nötig. Das haben wir dann ein paarmal so gemacht. Bis er einmal kein Geld dabeihatte. Das war für den Beckmann ja ein Reichsparteitag! Da konnte er alles nachholen, was er die letzten Wochen versäumt hatte!

Am nächsten Tag hat sich der kleine Großkotz wieder an meine Hacken gehängt. »Du solltest mich vor dem Beckmann beschützen!« Es sollte wohl wütend klingen. Aber seine Stimme hat so gezittert, als würde er jeden Moment losheulen.

Ich hab die Hand aufgehalten. Mehr war nicht nötig. Wer was will, muss latzen!

»Morgen!«, hat er gesagt. »Meine Oma war krank, da konnte ich nicht zu ihr! Aber morgen besuche ich sie. Du kriegst es also übermorgen. Ganz bestimmt!«

Ich war verblüfft. »Deine Oma gibt dir Taschengeld?«

Er ist feuerrot geworden. Da wusste ich: Da stimmt was nicht. Die kochen auch nur mit Wasser, die Bartschs. Ich hatte das blöde Gefühl: Das Geld hatte der geklemmt. Das hatte die Oma nicht freiwillig rausgerückt! Es war nur ein Verdacht, klar. Aber wenn er Taschengeld gekriegt hätte, dann doch von seinen Eltern. Die hatten es doch! Wenn er sich sein Geld bei der Oma beschaffen musste, war da etwas faul. Warum wurde er sonst so rot, als ich ihn fragte?

Taschengeld war damals keine Selbstverständlichkeit. Für die meisten von uns gab es das nicht. Jedenfalls ganz bestimmt nicht in der ersten Klasse. Bei meinen Eltern zum Beispiel wurde ein regelmäßiges Taschengeld erst eingeführt, als ich 13 war, also kurz vor der Lehre. Da sollte ich das schon mal üben, mit einem regelmäßigen Einkommen umzugehen. Bis dahin gab es immer mal einen Groschen für dies oder das. Irgendwelche Aufträge, Besorgungen, Extra-Arbeiten, die man übernahm. Aber grundsätzlich wurde das doch als selbstverständlich gesehen, dass man half. Verlässlich kriegten wir nur für gute Noten Geld. Für eine Eins 50 Pfennig, für eine Zwei 20. Ich fand das doof, weil Hilde besser verdiente als ich. Man hätte das nach Alter staffeln müssen, fand ich. Dass sie nur die Hälfte gekriegt hätte.

Aber das war natürlich ganz unterschiedlich. Manche von meinen Schulkameraden kriegten im dritten oder vierten Schuljahr schon 30 oder sogar 50 Pfennig Taschengeld in der Woche. Für nix!

Jürgens Mark fürs Beschützen war für mich jedenfalls leicht verdientes Geld. Woher hatte er so viel? Von seinen Eltern ja offensichtlich nicht!

Was man auch machen konnte, um zu Geld zu kommen: Feldarbeit. Wer ein Fahrrad hatte – und das waren natürlich nur die größeren Jungs –, konnte zum Bauern rausfahren zur Kleinheide oder Kamisheide. Rüben vereinzeln oder sich im Herbst zur Kartoffelernte verdingen. Hartes Ackern im wahrsten Sinne des Wortes. Ich hab es ein paarmal gemacht, aber ich war froh, dass ich es nicht musste. Andere wurden von ihren Eltern geschickt. Nachgeschmissen kriegte jedenfalls keiner was. Entsprechend gab es Sachen, die für uns etwas ganz Besonderes waren und blieben: Kino oder Kirmes. Wir haben uns oft die Nasen platt gedrückt an den Aushängen mit den neuesten Filmen. Wenn Jahrmarkt war, sind wir auf dem Rummel rumgeschlichen und haben die Fahrgeschäfte bewundert, Riesenräder, Karussells oder Schiffschaukeln, die für uns unerschwinglich waren. Da hat man sich gewissermaßen sattgeguckt.

Der Jürgen lebte doch auf einem ganz anderen Stern. Es sind aber genau diese Leute, die den Hals nicht voll genug kriegen können.

GÜNTER

Liebe, beste Lieselotte,

hier nun endlich der lang versprochene Brief aus dem Schattenreich! Ich habe einen Kameraden gefunden, der ihn herausschmuggeln und dem Postwege übergeben wird. Ich werde ihn in einem doppelten Kuvert an Tante Trudi adressieren, die ihn dir aushändigen wird, sodass er in keine falschen Hände geraten kann. Sie ist uns von Herzen zugetan und hat Vaters Verbissenheit noch nie ausstehen können. Weder die Internatsleitung noch unsere Eltern dürfen diesen Brief je zu Gesicht bekommen – du musst mir versprechen, dass du ihn sofort verbrennst, damit er dir am Ende nicht das gleiche Schicksal beschert wie mir. Glaube mir, liebstes Lieselchen, dieses Exil, in das sie mich verbannt haben, ist die Hölle! Es wird Entsprechendes für Mädchen geben, da bin ich mir sicher. Solange sie allerdings alle Schuld bei mir sehen, bist du in Sicherheit. Und ist es nicht auch so? War ich nicht derjenige, der dich verdorben hat? Auch wenn – und das weiß keiner besser als du und ich – wir nie die Grenze überschritten haben. Die ärztliche Untersuchung hat es ja bestätigt. Natürlich bin ich derjenige, der zuerst in dein Bett gekrochen ist, um die Masern mit dir zu teilen. Ich mochte dich nicht alleine leiden sehen! Hatten wir doch von jeher alles geschwisterlich miteinander geteilt! Dass ich seitdem nicht mehr von dir lassen konnte und Nacht für Nacht zu dir gekommen bin – in meiner pubertären Verirrung, in die ich dich hineingezogen habe – natürlich hätte ich es nicht tun dürfen! Die Strafe war vollkommen gerecht! Dass Vater mich endlich entdeckt und aus deinem Bett gezerrt hat – wer weiß, ob es mir noch lange gelungen wäre, die Grenze nicht zu überschreiten! Von dir will ich gar nicht sprechen. Ich habe allerdings wirklich geglaubt, er würde mich totprügeln. Dass ich die Sommerferien lang bei Wasser und Brot und von dir ferngehalten wurde, mochte ja noch angehen. Ich konnte seine Sorge durchaus nachvollziehen.

Nur das, was ich hier durchleiden muss, ist nicht angemessen! Zumal: Dies ist kein Ort, an dem man von seinen Sünden befreit wird. Glaube mir: Hier wird man erst recht verdorben! Die Strenge, mit der sie gegen alles und jeden vorgehen, bewirkt genau das Gegenteil. Diese brutalen Züchtigungen, die Verteufelung alles Körperlichen, das Verbot jeglichen normalen Umgangs untereinander – wozu sonst soll das führen als dazu, dass wir nichts anderes mehr kennen als den Gedanken an die Sünde – in jeglicher pervertierten Form, die uns unter diesen Verhältnissen nahegelegt wird! Diese Lust, mit der man uns hier malträtiert! Das Misstrauen, das sie jedem entgegenbringen, der mit einem anderen auch nur zusammensteht, um ein paar Worte zu wechseln – was sollte schon dabei sein? Mit diesem Misstrauen impfen sie uns doch die sündhaften Gedanken erst ein!

Wenn ich mich so beklage, liebstes Schwesterlein,

dann will ich dich damit aber wiederum keinesfalls erschrecken! Du musst dir keine Sorge um mich machen. Ich gehöre hier zu den Ältesten und stehe durchaus über den Dingen. Aber ich beobachte doch, was die Jungen hier durchmachen müssen! Und natürlich quält man auch mich auf jede erdenkliche Weise und versucht mir meine Sünden auszuprügeln! Vater hat bei dem Aufnahmegespräch nicht hinter dem Berg gehalten mit meinen Verfehlungen. Der einzige Trost ist mir, dass ich nach diesem Jahr die Schule beendet haben werde, sodass ich dieser Hölle den Rücken kehren kann.

Ach, wie ich deine Nähe vermisse, liebste Lieselotte! Und damit meine ich natürlich zuallererst und ausschließlich unsere Vertrautheit, deine seelische Wärme, die mir hier so vollkommen abgeht! Wann waren wir je vorher so lange voneinander getrennt? Keine 20 Minuten bin ich vor dir aus Mutters Bauch gekrochen. Nun sind es bald 20 Wochen, die ich dich nicht sehen und sprechen durfte! Ich sorge mich, Liebes, wie es dir ergehen mag! Und tröste mich mit dem Gedanken, dass unsere Mutter bei dir ist, dass Tante Trudi immer ein offenes Ohr für dich hat und dass du mit deinen Schulkameradinnen zusammen sein kannst, dass also alles für dich ist, wie es war – bis auf mich, deinen missratenen Zwillingsbruder. Der dich aber doch von Herzen liebt und bereut, was er dir angetan hat!

Damit du dir ein wenig vorstellen kannst, wie ich es in Marienhausen angetroffen habe, will ich dir in wenigen Sätzen von unserem Leben erzählen. Du musst wissen, es gibt hier keine Zimmer, sondern wir sind in Schlafsälen untergebracht. Da sie so streng dahinter her sind, dass nur ja keine Freundschaften zwischen den Jungen entstehen, wechselt die Besatzung, sodass man aus gegebenem oder auch keinem Anlass jederzeit in ein anderes Bett oder einen anderen Saal verlegt werden kann. Gespräche sind streng verboten – nicht nur wegen der Nachtruhe, sondern vor allem nach dem Aufwachen. Alle Tage fangen mit einem Silentium an. Aufstehen, Waschen, Levitenamt, Frühstück – niemals darf ein Wörtchen fallen. Entschlüpft einem dennoch eins, so bekommt er sofort etwas aufs Maul. Ja, ich sage es so unverblümt, weil die Sprache der Salesianerpatres nicht minder roh ist. Am rohesten aber ist, wie sie uns misshandeln. Da wird mit allem geprügelt, was das Haus an Kochlöffeln, Besenstielen oder Schaufeln hergibt. Wo nichts zur Hand ist, stehen Wände zur Verfügung, gegen die man Köpfe schlagen kann. Ja und Hände nutzen sie natürlich. Fäuste. Füße.

Erst in der Schule darf gesprochen werden. Natürlich nur, wenn man drangenommen wird. Während der Hausaufgaben gilt wieder das Schweigegebot. Nachmittags geht es viermal in der Woche in den Chor, abends ist wieder Messe. Pater Puttkammer, der hier Papu genannt wird, unterrichtet uns in den meisten Fächern. Er hat auch die Aufsicht über unseren Schlafsaal und leitet den Chor. Da ich schon im Stimmbruch bin, muss ich immer in der letzten Reihe bei den Tenören stehen. Ganz vorne sind die Sopranstimmen aufgestellt, das sind die jüngsten Hortbuben, die gerade elf Jahre alt sind.

Wir dort hinten müssen immer furchtbar aufpassen, dass uns nicht die Tonhöhe verrutscht oder ein falscher Kiekser entfleucht, weil der Pater in seiner Wut über solche Misstöne drauflos drischt, ganz egal, woher sie gekommen sind. Die Kleinen in der ersten, der Sopranreihe, trifft es am härtesten, weil sie ihm am nächsten stehen.

Papu ist dabei gar nicht mal der brutalste Prügler vor dem Herrn. Wohl aber einer, der mit geradezu sinnlicher Freude ans Werk geht. Es scheint ihm äußerste Lust zu verschaffen, wenn er zuschlagen darf. Je zarter die Köpfe und Glieder, desto freudiger erregt kommt er einem vor. Wer sich allzu verstockt gibt, wird auch schon mal zu einer gesonderten Behandlung in sein Zimmer bestellt.

Diese übermäßige Strenge wird hier als Teil unserer Erziehung zu echten Männern begriffen. Dazu gehören auch derbe Spiele, Entführungen, bei denen Mitschüler verschleppt, zu Tode erschreckt und irgendwo gefesselt abgelegt werden. Für die übrigen legen die Patres Spuren in Form von in roter Tinte getränkter Lappen aus, die die Kleinen in Angst versetzen, weil sie denken, dass die entführten Kameraden bös verletzt wurden.

Im Spätsommer und Herbst gab es zweimal ein Zeltlager mit Lagerfeuern, nächtlichen Wanderungen und Spielen zum Erschrecken. Papu liebt es auch, bei solchen Gelegenheiten Schauergeschichten zu erzählen. Zum Beispiel über einen französischen Adligen aus dem 15. Jahrhundert, den es tatsächlich gegeben haben muss. Gilles de Rais. Er war einer der reichsten Männer im damaligen Frankreich, hat seinen Besitz aber durch Verschwendungssucht und einen unfassbar widerwärtigen Lebenswandel verspielt. So muss er Hunderte von Knaben aus den Dörfern rund um seine Schlösser entführt haben, die er auf grausamste Weise zur Belustigung seiner Gäste gequält, verstümmelt und schließlich geschlachtet haben soll. Erst als er sich mit der Kirche angelegt hat, wurde ihm schließlich das Handwerk gelegt und er nach einem aufsehenerregenden Prozess öffentlich verbrannt.

Kannst du dir vorstellen, welche Albträume die Hortbuben, denen solche Scheußlichkeiten erzählt wurden, anschließend durchlitten? Einer war dabei, den hatte am Nachmittag bereits das Fieber erwischt. Den mussten sie schließlich in das Haus zurückbringen, wo Pater Puttkammer sich persönlich um ihn gekümmert hat.

Gelegentlich bekommen wir aber auch abends im Schlafsaal vorgelesen. Darunter durchaus von Autoren, die ich liebe, wie Karl Mays ›Winnetou‹ oder Mark Twains ›Tom Sawyer‹. Du musst sie wirklich einmal lesen! Ich habe dir gezeigt, wo du sie in meinem Zimmer findest. Auch wenn Vater es nicht leiden mag – es wird dir schon gelingen, es vor ihm zu verbergen! Pack einfach den Umschlag eines deiner Mädchenbücher darum. Es sind Abenteuergeschichten, ja, aber solche, die du auch mögen wirst, weil es um edle Menschen geht – auch wenn sie auf den ersten Blick nicht so erscheinen. Gerade der Tom Sawyer heckt einiges aus, was alles andere als vorbildlich ist. Aber er hat doch letzten Endes ein gutes Herz. Und ganz wichtig: Du wirst einigen Humor in den Darstellungen finden, der einem doch sehr über manches hinweghilft. So geht es mir hier auch damit. Mich beschleicht dann zwar der Zweifel, wie ausgerechnet jemand, der so bösartig ist wie Papu, solche Ideale hochhalten kann. Ich frage mich auch, ob er das ironische Element überhaupt erkennt. Jemand, der uns die eigene oder auch gegenseitige Knabenliebe als schlimmste aller Sünden austreiben will und dabei doch nur nahelegt. Der selbst nichts Spannenderes zu kennen scheint als die Beschäftigung mit derartigen Dingen. Weißt du, woran er zu erkennen meint, dass jemand sich derart unsittlich betätigt hat? Du wirst lachen: Wenn einer Ringe unter den Augen und feuchte Hände hat! Man müsse dem Satan widerstehen, sagt er. Und bekennt uns offen, dass er selbst auch immer wieder dessen Versuchungen ausgesetzt sei. Wenn das Blut sich staue – so nennt er das, wenn man einen stehen hat!

Ach, du liebste Lieselotte, in dieser Hinsicht bin ich sehr dankbar um meine frühe Sexualaufklärung, die durch die Tatsache, dass ich einen Zwilling des anderen Geschlechts habe, ja nun mal gar nicht ausbleiben konnte. Wir haben doch von klein auf beim Baden beobachten können, wie unterschiedlich Menschen beschaffen sind, uns natürlich darüber Gedanken gemacht, später auch darüber ausgetauscht und gegenseitig erklärt, was da bei uns vorging. Natürlich war diese gegenseitige Vertrautheit auch verführerisch. Das habe ich ja längst eingesehen und du doch auch!

Aber so ein Pater ist doch wohl eher dem anderen Extrem ausgesetzt. Dass er so gar keinen natürlichen Kontakt zu dem anderen Geschlecht haben darf, kann doch auch nicht gesund sein! Schließlich sind das alles Regungen, die die Natur uns Menschen mitgegeben hat. Ich glaube nicht, dass diese ganze dem Satan Widersteherei aus den Patres gute Menschen macht. Das stellt sich hier eher ganz im Gegenteil dar. Sie sind vollkommen verbissen und böse und nehmen von jedem das Schlimmste an!

Gleich neben mir im Bett liegt einer der Kleinsten. Er hat nun schon wiederholt des Nachts vor lauter Angst eingenässt. Meinst du, er traut sich, das zuzugeben? Er schläft lieber in seiner eigenen Pisse – entschuldige das Wort, es gehört hier einfach hin! – und wenn sie am nächsten Morgen von seiner Körperwärme getrocknet ist, hofft er, es fällt gar nicht auf. Dabei riecht man es doch zehn Meter gegen den Wind!

Ein Junge, der in die Klasse unter mir geht, ist nun schon zum zweiten Mal abgehauen. Dabei steht Flucht auf der Sündenliste ganz oben! Das war übrigens auch der, der im Zeltlager so gefiebert hatte. Es scheint ein Mensch mit einer ausgesprochen starken Einbildungskraft zu sein. Anders kann man wohl kaum den Mut fassen, einen solchen Schritt zu tun. Natürlich war es nichts als der Mut der Verzweiflung! Spätestens nach dem ersten Mal wusste er doch, dass es vollkommen aussichtslos war! Die Eltern haben ihn gleich wieder zurückgebracht. Einmal hatte er mir erzählt, sein Vater hätte darauf bestanden, dass er in dieses Internat kam, weil die so streng mit den Schülern umgingen. Weil er gleich lernen sollte, wie es sich anfühlte, wenn man beim Barras ist. Väter! Weil sein Sohn später bei der Bundeswehr Zucht und Ordnung kennenlernen würde, gewöhnte er ihn von vornherein an Härte? Hätte er ihn nicht im Gegenteil erst mit reichlich Liebe wappnen müssen, damit der das später durchstehen kann?

Ach, Lieselottchen, unser Vater hatte dagegen ja einen richtig guten Grund, mich hierherzuschicken, der *wollte* mich ja bestrafen! Aber wieso macht einer das vorsorglich?

Er war wohl zuerst in einem anderen Internat gewesen, einem bei Bonn, hat der Junge erzählt – ich vergesse immer seinen Namen, Jörg heißt er, glaube ich. Das war seiner Mutter zu schmutzig, weil die da mit den Kindern auch in den Wald gegangen sind und Buden gebaut haben. Dass wir hier sogar nachts in den Wald geschickt werden, hatten die wohl nicht mitgekriegt! Na, dieser Jörg war auch einer von denen, die dauernd mit so einem hungrigen Blick herumliefen, aber mit denen doch keiner so richtig zu tun haben wollte. Mal abgesehen davon, dass es ja verboten war. So ein armes Schwein! Die Eltern haben dem gelegentlich Fresspakete geschickt. Damit hat er sich dann lieb Kind gemacht bei den anderen. Beziehungsweise wenn jemand nicht nett genug zu ihm war, hat der halt nichts abgekriegt. Als wenn man sich so Freundschaften kaufen könnte! Wie der die anderen immer beobachtet hat! So sehnsüchtig. Wie ein Verschmachtender, der vor lauter Angst schon feuchte Hände und Ringe unter den Augen kriegte!

Etwas muss ich dem allerdings wirklich zugutehalten: Der hat einmal dafür gesorgt, dass ein Angestellter aus dem Heim gefeuert wurde. Und zwar hatte einer aus seiner Klasse ihm erzählt, dass dieser Mann ihn mit auf sein Zimmer genommen und sich da an ihm vergangen hat. Der andere Junge war einer aus der Heimatstadt von diesem Jörg, daher hat der sich vielleicht verantwortlich gefühlt. Der Junge selbst war viel zu feige.

Aber der Jörg, der war so böse! Der ist schnurstracks zur Heimleitung und hat denen das gesagt. Da konnte der Kerl seine Sachen packen.

So was macht aber auch was mit einem, denke ich. Wenn man weiß, was in so einem Heim vor sich geht. Selbst wenn die den rausgeschmissen haben. Man kann das ja nicht mehr ungeschehen machen.

Nachdem die Eltern ihn wieder Papus Obhut anvertraut hatten, ist er gleich in der nächsten Nacht wieder abgehauen und zum Bahnhof. Er kam irgendwo hinter Düsseldorf her. Und diesmal hat er den anderen Jungen überredet, mitzukommen. Den aus seinem Heimatort, der missbraucht worden war.

Später haben wir gehört, dass die Polizei die beiden aufgegriffen hat. Ins Internat kamen die nicht mehr. Die Heimleitung hat sich geweigert, sie wieder zurückzunehmen. Solche Geschichten schädigen schließlich den Ruf der Schule. Und angewiesen sind die auf solche Ausreißer weiß Gott nicht. Es gibt nach wie vor eine Warteliste für Anmeldungen. Unser Vater hat die ganz schön schmieren müssen. Die beiden hatten jedenfalls erreicht, was sie wollten. Seitdem denke ich auch manchmal darüber nach, ob ich mich nicht einfach vom Acker machen sollte. Aber ich fürchte, dann könnte ich mich zu Hause überhaupt nicht mehr blicken lassen. Und ich will dich doch endlich wiedersehen! Dich und Mutter! Ich möchte auch mein Abitur machen und studieren! Daher werde ich mich wohl mit unserem Vater noch ein wenig gut stellen müssen. Zumal ich es ja auch einsehe, dass er etwas unternehmen musste.

Es ist ja nicht mehr für lange.

Ach, du wunderbares, bestes Schwesterherz! Fühle dich gedrückt und geherzt aus der Ferne

von deinem dich liebenden Bruder
Günter

KURT

Das war ja einfach so. Wie der Vater, so der Sohn. Was wusste man mit 14 schon vom Leben? Man konnte doch auch gar nichts entscheiden, schon weil man gar keine Ahnung hatte. Also hat man gemacht, was die Eltern gemacht haben. Mein Vater war beim Bartsch, also bin ich auch zum Bartsch. Meine Eltern waren in mancher Hinsicht schon nicht ganz so ewig-gestrig, die haben schon mit uns geredet und uns Freiheiten gelassen. Klar gab es gelegentlich eine Ohrfeige, und wenn es ganz schlimm war, wurde ich auch übers Knie gelegt. Aber eigentlich sind wir nicht geprügelt worden, das war wirklich die Ausnahme. Also schon auch mit Grund. Ich erinnere mich an eine Situation, da hatte ich eine Vase kaputt gemacht, so eine richtig große, die hatten meine Eltern zur Hochzeit gekriegt. Wüsste nicht, dass die irgendeinen Nutzen gehabt hätte. Die stand immer nur in der guten Stube rum und staubte ein. Bis ich dann mal dagegengelaufen bin. Also genau genommen hab ich dagegengetreten. Ich war halt sauer, weil ich zum Fußballspielen wollte, und meine Mutter hat darauf bestanden, dass ich mit meiner Schwester den Dachboden fege. Das war so eine Drecksarbeit, weil der Boden da immer voller Kohlenstaub war vom Kamin, aber wir hängten da eben auch die Wäsche auf, das ganze Haus, also alle Bewohner. Da oben war es nun mal trocken und warm. Aber eben dreckig. Und wenn da was hinfiel, das war natürlich doof. Jede Mietpartei hatte eine andere Ecke, wo die Leinen waren, die man benutzen durfte. Das war genau aufgeteilt. Man konnte da natürlich nicht einfach seine Ecke fegen, solange die Wäsche von den anderen da hing, die wäre völlig eingesaut. Deshalb hat meine Mutter darauf bestanden, dass es an dem Nachmittag gemacht werden musste, weil ausnahmsweise mal keine Wäsche da hing. Und ich hab natürlich gesagt, das kann ich auch am nächsten Tag machen. Also sie hatte schon irgendwie recht, aber ich war halt sauer, und da ist es eben passiert.

Ich war wohl zwölf, also eigentlich schon groß. Als mein Vater von der Arbeit kam, da musste ich mich gleich über den Stuhl legen und die Lederhose runterziehen und er hat zehnmal richtig feste zugeschlagen, mit der Hand. In der Metzgerei mussten die schon richtig schuften, da war also Zunder dahinter. Es tat verdammt weh. Aber es war auch das letzte Mal, an das ich mich erinnere. Ich weiß, bei anderen wurde mit schöner Regelmäßigkeit der Gürtel rausgeholt. Das hat mein Vater nie gemacht.

Eigentlich gab es keinen richtigen Zwang bei uns. Als ich mit der Schule fertig war, hätte ich sicherlich auch was anderes machen können. Der Walter hat zum Beispiel beim Thyssen Elektriker gelernt. Da konnte ich mit der Wurst schon mehr anfangen. Ich meine, man hat doch überhaupt keine Vorstellung, was da auf einen zukommt. Ich konnte auch nicht sagen, dass ich unglücklich war mit der Metzgerei. Das hatte schon Hand und Fuß. Und Maloche ist nun mal Maloche.

Der Bartsch als Chef – na ja. Immerhin war mein Vater auch da. Das war schon okay. Wie gesagt, wir hatten kein schlechtes Verhältnis. Das hat sich in der Zeit dann ja auch eher so in die Richtung entwickelt, dass man gleichberechtigt war, wir waren schließlich Kollegen.

Also im Vergleich zu dem Jürgen und seinem Vater kann ich wohl eher von Glück reden. Die Eltern haben den ja irgendwann von der Schule genommen und ins Internat gesteckt. Ein einziges Kind und keine Zeit dafür! So was verstehe ich nicht. Ich meine, unsere Eltern haben sich sicherlich auch nicht viel mit uns beschäftigt, das kann ich wirklich nicht behaupten. Aber die hätten uns nie im Leben weggegeben. Da bin ich mir ganz sicher. Wir waren doch die meiste Zeit sowieso auf der Straße, und da kannte einen jeder, da war man doch immer irgendwie aufgehoben! Meine Mutter hat ja auch gearbeitet, als Zugehfrau. So doll hat mein Vater da schließlich nicht verdient in der Metzgerei. Daher hat es mich schon irgendwie ein bisschen gewundert, als mein Vater mir damals erzählt hat, dass der Jürgen Bartsch, als der noch ganz klein war, auf seinen Knien reiten durfte, wenn die Mutter den in den Laden mitgebracht hat. Und dass er ihm was vorgesungen hat. Dass der Kleine dann in seine Händchen gepatscht und »Mehr! Mehr!« gerufen hat.

Ich konnte mich nicht erinnern, dass mein Vater mit mir so was gemacht hat. Aber klar, das fiel mir dann auch wieder ein: Als ich in dem Alter war, war er im

Krieg. Was weiß man denn schon noch von der Zeit, wo man ein Kleinkind war? Ich kann mich eigentlich an gar nichts erinnern. Doch, an die Sirenen, wenn Bombenalarm war. An die Angst im Bunker. Dieses Gefühl, das ist irgendwie hängen geblieben, auch wenn ich gar keine konkreten Bilder dazu im Kopf hab. Die letzte Kriegszeit halt. Wie gesagt, keine dolle Kindheit.

Und da hat mein Vater gesagt, er fände es irgendwie traurig, dass die Eltern Bartsch mit ihrem Sohn nie »Hoppe Hoppe Reiter« und so was gemacht haben! Obwohl der Jürgen doch so ein Strahlemann war! Hieß das jetzt, dass ich zu wenig gestrahlt hatte in meiner Kriegskindheit?

Als ich in die Lehre kam, hatten mir meine Eltern im Wohnzimmer eine Schlafcouch eingerichtet, das war jetzt mein Zimmer, und Hilde hatte unser Kinderzimmer für sich, weil wir ja nun schließlich in einem Alter waren, wo Jungen und Mädchen eigene Zimmer brauchten. Morgens wurde mein Bett weggeklappt, und man konnte die Stube nutzen. Ich fand das großartig und Hilde auch.

Im nächsten Frühjahr hatte Hilde dann ihren Abschluss und fand etwas in einer Kinderarztpraxis.

Ihre Freundin Helga war mit ihrer Familie nach Langenberg umgezogen, in die Straße »An der Hoddelskiep« – Was für ein Name! Sie musste das letzte Jahr wiederholen und kam da dann auf die Katholische Volksschule. Aber wie Mädchen so sind – unzertrennlich! In der Mitte zwischen unseren Wohnungen lag der Baldeneysee, da haben wir uns im Sommer im Freibad getroffen, schließlich musste ich Hilde begleiten und auf sie aufpassen.

Dass sie dann gemeinsam einen Kurs in einer Tanzschule gleich hinter Helgas neuer Schule besuchen durften, das hatten unsere Eltern den beiden zu Ostern geschenkt. Ich hab auch da den Aufpasser gemacht. Mich selbst interessierte das nicht, aber die Mädchen waren völlig aus dem Häuschen, weil sie außer Walzer, Foxtrott und so einem Kram die ganzen modernen amerikanischen Tänze üben konnten. Da gab es einen, der »Twist« hieß, bei dem man die Füße dauernd so hin und her drehen und seitlich hochwerfen musste. Einer hieß »Pony«, da hüpften die von rechts nach links und wieder zurück. Beim »Monkey« wippten sie und schleuderten die Arme hoch. Beim »Swim« machten sie Brustschwimmbewegungen und so weiter. Richtig albern, aber die Mädchen fanden es großartig und hatten einen Heidenspaß.

Wen wir da auch wiedergetroffen haben, das war der Jürgen Bartsch. Der war zuletzt drei Jahre auf dem Internat gewesen. Die Eltern waren in der Zwischenzeit umgezogen, wohnten jetzt in der Finkenstraße in Langenberg, wo sie sich in der Siedlung »Glaube und Tat« ein eigenes Haus gebaut hatten. Er war ein bisschen gewachsen, aber linkisch wie eh und je, für einen Tanzkurs vollkommen ungeeignet. Natürlich hatte seine Mutter ihn geschickt. Das war klar wie Kloßbrühe, und er hat es auch prompt erzählt. Ich konnte mir ein Grinsen nicht verkneifen. Nachdem er früher immer von Gleichaltrigen ferngehalten worden war, sollte er jetzt die freundliche Annäherung an das andere Geschlecht üben. Hilde schaffte es rechtzeitig, das Weite zu suchen, und fand einen halbwegs annehmbaren Tanzpartner, mit dem sie viel kicherte. Helga wich Jürgens Aufforderung nicht schnell genug aus. Seinen unkoordinierten Hüpfern schon gar nicht. Ihre Zehen müssen anschließend grün und blau gewesen sein. Aber das Schlimmste war: Wie der sich an sie ranmachte! Es wirkte geradeso, als wollte er noch was anderes üben. Also außer den Tanzschritten. Wie man die Partnerin nicht einfach hält, sondern ihr dabei unauffällig den Rücken streichelt. Nur dass es bei ihm alles andere als unauffällig geschah. Genauso der Versuch, seinen Däz in Helgas Halsbeuge zu schmiegen. Der Kopf kippte vor und das Kinn rutschte bis auf ihren Rücken, wo es liegen blieb, während er weiter in die Drehungen stolperte. Helgas Hilfe suchender Blick konnte mich nicht rühren. Ich hätte mich krumm und schief lachen können, wie ich Jürgens Annäherungsversuche gesehen hab!

Als er in der Pause auf die Toilette ging, flüchtete sie sich zu mir. »Ich sag, mir ist schlecht!«, zischte sie.

»Du sollst nicht lügen!«, zitierte ich das Buch der Bücher.

»Das *ist* keine Lüge!«, gab sie wütend zurück. »Mir *ist* schlecht!« Das sagte sie Jürgen auch, und da sich keine andere fand, die sich erbarmte, blieb er am Rand des Parketts stehen und beobachtete die Tanzenden, während Helga sich auf die Toilette verzog. Ja, er konnte gut beobachten. Die Hände hatte er im Rücken zusammengelegt. Weil ich saß, waren sie für mich gerade auf Augenhöhe. Die Fingernägel waren bis tief ins Nagelbett abgeknabbert! Ekelhaft.

Er hatte gefragt, was wir morgen machten, und die Mädchen mochten nicht lügen.

Am nächsten Tag waren wir wieder im Baldeney-Freibad, die Mädchen auf den Handtüchern ausgestreckt, um sich von der Sonne trocknen zu lassen, ich saß aufrecht und beobachtete das Geschehen am Strand. Da sah ich ihn von ferne winken.

»Wir kriegen Besuch«, sagte ich.

Hilde klappte ein Auge auf und blinzelte. »Wen?«

»Jürgen.«

Sie stöhnte und schloss das Auge wieder.

Erst als er unseren Lagerplatz erreicht hatte und grüßte, richteten die Mädchen sich auf und grüßten zurück.

Er hatte einen Freund mitgebracht, Johannes. Anscheinend kannte er den aus dem Internat, der kam auch aus Essen. Die beiden hockten sich neben uns. Johannes hatte einen großen Malblock dabei, den er auspackte.

»Oh, du kannst zeichnen?«, fragte Hilde. Ob er den See und die Landschaft malen wollte?

Er porträtiere lieber Menschen, hat er gesagt.

Das fanden die Mädchen natürlich spannend. Ob er sie zeichnen würde?

Er wollte.

Sie haben sich dann ewig auf den Handtüchern gerekelt, statt zu schwimmen, damit er sie zeichnen konnte.

Jürgen und ich haben ihn dabei beobachtet. Er konnte es wirklich gut. Die Mädchen, so wie er die skizziert hat, hatten etwas, was mir vorher gar nicht aufgefallen war. Sie waren ausgesprochen – aufreizend. Die weiblichen Rundungen waren so betont. Die Haltung hatte etwas Herausforderndes. Hilde und Helga waren sehr beeindruckt und bestürmten ihn, dass er ihnen das Bild schenken sollte.

Aber er hat den Kopf geschüttelt. Das Bild sei schon verkauft.

»An wen?«

Er guckte Jürgen an. Der grinste.

Die Mädchen haben geschmollt und ihn angebettelt, dass er sie noch einmal zeichnen soll. Er hatte aber keine Lust mehr und hat bald darauf mit Jürgen die Biege gemacht.

Hilde und Helga fühlten sich offensichtlich trotzdem irgendwie geschmeichelt. Sie liefen zum See, übten verschiedene Posen, kicherten, schubsten sich gegenseitig ins Wasser und tauchten sich unter. Ich war sitzen geblieben, weil ich irgendwie nicht in die Stimmung kam. Je länger ich über die Sache nachdachte, umso widerlicher fand ich es. Das war mal wieder typisch! Graf Koks lässt sich Porträts anfertigen. Von *meiner* Schwester! Mir kam der Verdacht, dass er sich dieses Bild als Wichsvorlage hatte machen lassen. Wenn er anders nicht an Frauen rankam – warum nicht so?

Ich sagte Hilde nichts davon. Aber als ich in der Woche danach mit ihr auf dem Weg zur Tanzschule war, erzählte sie mir von einer Unterhaltung zwischen Helga und Jürgen.

Er hatte sie wohl auf dem Schulhof angesprochen. Sie gefragt, wie sie den Tanzkurs fände. Natürlich habe Helga »Toll!« gesagt, schließlich tanzte sie super gerne. Sie hat allerdings nichts zur Auswahl der Tanzpartner gesagt.

Jürgen daraufhin: Ob sie auch schon mal mit Jungs ausgehe?

Helga hat gesagt, klar wäre sie schon mal im Kino gewesen und so, da wären auch Jungs dabei gewesen. Aber das wäre wohl nicht das, was er meinte.

Und Jürgen allen Ernstes: Sie hätte aber doch schon ihr Gedöns? Also, was Frauen so hätten? Sie hätte ja auch schon richtig Brust!

Das muss ihr erst mal die Sprache verschlagen haben. Jürgen habe das dann wohl auch kapiert, dass er ein bisschen weit gegangen war, und ihr gesagt, er fände sie eben sehr hübsch. Und das wäre doch nun mal so, dass man in einem bestimmten Alter übers Ausgehen und so nachdenke. Und dann hätte er gesagt – Hilde kriegte an der Stelle erst mal einen Kicheranfall –, dass man doch auch wissen wollte, wie das mit Frauen und Männern so gehe. Und dass er das gerne mal ausprobieren würde. Ob sie sich etwa keine Gedanken über so was machte?

Nein, habe Helga gesagt, jedenfalls ganz bestimmt nicht mit ihm!

Er hat sich dann bei ihr entschuldigt. Aber das war doch einfach erbärmlich! Wenn jemand sich in ein Mädchen verliebt, dann geht er doch nicht hin und schlägt ihr so was vor!

Etwas hat es aber schon bewirkt. Dass *ich* nämlich jetzt dauernd darüber nachdenken musste. Nicht dass ich das nicht schon vorher getan hätte. Ich war ja schon ein paar Jahre älter als dieses Jüngelchen. Aber ich hätte doch niemals jemanden, den ich kaum kannte, so direkt angesprochen. Man hat ja schon irgendwelche Vorstellungen, und natürlich hat man auch eine Idee, wie das bei einem selbst funktioniert. Aber wie das jetzt so genau ablaufen sollte mit einer Frau – ich hab immer gedacht, man verliebt sich, und dann küsst man sich irgendwann, und dann kommt das schon irgendwie. Erst sollte man ja wissen, dass man überhaupt zusammenpasst. Es hat mich geärgert, dass dieser Heini mich so kirre gemacht hat. Der litt offensichtlich unter einem frühreifen Hormonanfall.

Das hat die Helga übrigens ein paar Tage später noch mal bestätigt. Das mit den Hormonen, meine ich, dass da was bei dem übergeschwappt sein muss. Diesmal ging es allerdings gegen einen Schulkameraden. Die haben den Jürgen auf der Schule genauso gehänselt wie vermutlich überall. Ein Mensch wie der zieht das doch magisch an. Einer der Jungen muss ihm wohl von hinten die Hose runtergezogen haben, als die im Pulk standen. Da hätte der Jürgen auf einmal eine Riesenrage gekriegt. Wäre blitzartig herumgefahren, hätte versucht, dem Kerl eine zu klatschen, aber der hätte sofort Fersengeld gegeben. Der Jürgen muss dem dann über den ganzen Hof brüllend hinterhergerannt sein, und als er ihn endlich gestellt hatte, ihm blind vor Wut die Visage verdroschen haben, bis die Lehrer dazwischengegangen sind.

Als ich die Geschichte gehört habe, da habe ich ja innerlich wirklich mal den Hut gezogen. Dieses kleine Weichei hatte endlich mal zurückgekloppt! Vielleicht wurde ja doch noch mal was aus dem!

Zum Tanzkurs ist der übrigens nicht mehr erschienen. Aber ich sag mal, das ist ja auch nicht unbedingt das, was einen Mann ausmacht.

❦

HILDEGARD

Man fragt sich ja immer. Also *wir* zumindest auf dem Büro. Ich meine, man interessiert sich doch für das, was so vor sich geht! Den meisten war ja nach dem Krieg alles egal. Das waren im Grunde die Schlimmsten. Die nur noch hinter dem Geld her waren. Klar musste man alles erst mal wieder aufbauen. Aber welches Volk kann schon überleben, wenn jeder nur noch seine eigenen Interessen verfolgt? Man braucht doch Ideale! Natürlich ist der Adolf übers Ziel hinausgeschossen! Aber der hatte doch einiges bewegt. Na, Schwamm drüber. Davon wollte ja keiner mehr was wissen.

Der Amerikaner ist da ganz anders. Dem ging es nur ums Vergnügen. Diese Musik, die die mitgebracht hatten, und wie die dazu tanzten! Dieses Popogewackele! Da kann man sich doch gleich an die Straße stellen und auf Bordsteinschwalbe machen. Wer wollte so ein Mädchen denn noch heiraten? Aber die kannten da ja nichts. Schmissen sich den Soldaten an den Hals, die gestern noch die Feinde waren. Die womöglich den eigenen Vater erschossen hatten! Und ganz egal, was das für Landsleute waren: Neger, Mexikaner, Juden, Japse und andere Schlitzaugen – bei denen da drüben hinter dem großen Teich war ja alles angeschwemmt worden, was in Europa und anderswo nicht zurechtgekommen war.

Und jetzt eroberten die die Welt mit Atomwaffen und Negermusik!

Die Engländer, die uns im Juli '45 übernahmen, waren kaum besser, die haben den Amis doch immer alles abgeguckt.

Der Russe war am schlimmsten! Dieses Verschlagene, was den slawischen Völkern zu eigen ist! Barbaren und Tataren! Man musste sich doch nur mal anhören, was die Frauen erzählten, die die Rote Armee überlebt hatten! Auf offener Straße sind die über sie hergefallen! Also die Soldaten! Später waren sie sofort mit den Panzern da, als es in der Ostzone den Volksaufstand gab. Da wurde die Grenze dichtgemacht, schließlich die Mauer, da ging nichts mehr. Insofern waren die Amis und Engländer ja noch Zucker! Die machten sich mit Nylonstrümpfen, Zigaretten und Kaugummi beliebt. Nur – wer braucht so was? *Kaugummi*! Die Mädchen sehen aus wie Wiederkäuer!

Natürlich kann man sagen, das ist so, jede Halbstarken-Generation muss die Welt neu erfinden und meint, dass sie alles besser kann. Das war bei uns ja nicht anders. Nur: Wir hatten eben Ideale! Das hier haben wir doch alles schon mal durchgemacht! Den Krieg, die Schmach, danach wollte man alles vergessen, genau wie jetzt! Die dekadenten 20er! Wo die Frauen sich in Glitzerkostümchen geschmissen, Kriegsbemalung angelegt und geraucht haben! Die Strafe folgte auf dem Fuße: Wirtschaftskrise und Verelendung. Bis endlich ein Ruck durch Deutschland ging. Na und jetzt geht das alles von vorne los. Nach allem, was wir schon durchgemacht haben! Der Mensch lernt einfach nichts dazu.

Neulich hab ich die kleine Schimanski von nebenan gefragt, ob sie etwa meinte, dass jemand ihre Zauselfrisur hübsch findet. Toupieren nennen die das. Da wird das Haar gegen den Strich gebürstet, bis es vollkommen verknotet ist und nach allen Seiten absteht, und dann legen sie ein paar Strähnen drüber, kleben die mit Haarspray fest, sodass sich das alles nur so türmt und der Schädel wie aufgeblasen aussieht. Wie so ein Wasserkopf! Dazu das Kaugummigekaue, Popogewackele, und die Röcke werden immer kürzer. Da muss man sich ja schon fragen, ob es nicht besser ist, wenn sie neuerdings alle in Hosen rumlaufen! Ist doch kein Wunder, dass die Männer da nur an das eine denken!

Die kleine Schimanski hat gelacht und gesagt, das wär halt modern. Ob ich denn gar nicht fernsehen würde? Die hat eine Freundin, die haben so einen Kasten da stehen, da sieht sie sich dann den ganzen Mist an.

»Ich werde den Teufel tun und so was gucken. Das ist doch alles amerikanische Propaganda!«, hab ich gesagt.

Aber sie hat behauptet, Propaganda wär das gewesen, was wir vorher gehabt hätten, die ganzen braunen Volksempfänger.

»Ach nee, und stattdessen stehen da jetzt die Geräte von der Firma Braun, und es ist dasselbe in Grün«, hab ich gespottet. Wer braucht schon einen Fernseher?

Da konnte sie nichts mehr sagen. Nur noch die Achseln zucken.

Hertha hat erzählt, dass bei ihr im Parterre eine italienische Familie eingezogen ist. Eine ganze Familie! Eltern, vier Kinder und Großeltern! Das haben wir jetzt davon! Wir haben denen doch Tür und Tor geöffnet!

Zum *Arbeiten*! Weil der Deutsche gleich wieder was geschafft hatte, während der Itaker mit seinem dolce vita nichts gebacken kriegte. Ausgerechnet die haben sie hierhergeholt, kaum dass hier der Millionste VW-Käfer vom Band gerollt war. Haben sich doch selbst die Laus in den Pelz gesetzt! Erst machen die unsere Mädchen an, dann holen sie die Familien hinterher! Und jetzt werben der Adenauer und der Erhard Spanier und Griechen und sogar Türken an! Wenn die sich erst mal hier ausbreiten, setzen die uns demnächst wahrscheinlich auch ihre Moscheen vor die Nase!

Na, die Damen vom halbseidenen Gewerbe freut's, wenn noch mehr von dem Gesocks kommt. So viele Männer auf Entzug!

Margarethe hat gesagt, die Griechen, die hätten sowieso eine ganz andere Kultur. Die war nämlich mal auf dem Gymnasium vor ihrer Hochzeit, da haben die was über die Antike gelernt. Im alten Griechenland hätten die Männer sich Lustknaben gehalten, mit denen sie – na, das will man sich ja gar nicht vorstellen! Dabei wollten die Lehrer denen erzählen, dass Griechenland die Wiege unserer Kultur wäre! Da bleiben wir doch lieber bei den nordischen Götter- und Heldensagen! Wo findet die Jugend denn heute noch eine Orientierung? Es dreht sich doch alles nur noch ums Geld! Selbst in den Königshäusern gibt es keine Ideale mehr! Die arme Soraya mit ihrem Schah von Persien! Eine Deutsche auf dem Pfauenthron! Als sie keine Kinder kriegte, wurde sie wieder zurückgeschickt – nach dem verflixten siebten Jahr. 17 Millionen Mark und eine Leibrente hat sie gekriegt. Kann man sich davon Liebe kaufen? Eine richtige Deutsche war die natürlich nicht, aber lebte immerhin in Berlin. Bei der Hochzeit waren wir doch trotzdem alle stolz!

Kein Vergleich natürlich mit der Weltmeisterschaft – das Wunder von Bern! Neun Jahre nach Kriegsende Fußballweltmeister, das sollte uns erst mal einer nachmachen! Das war die eine Seite der Medaille. Dass es wieder aufwärtsging. Ich meine, nicht nur wirtschaftlich.

Die Schande blieb trotzdem an uns kleben. Als die Juden den Eichmann in Argentinien entführt und ihm in Israel den Prozess gemacht haben, hieß es wieder: Der hässliche Deutsche. Der perverse Schreibtischtäter – Organisator der Massenvernichtungslager. Den Mengele haben sie in Brasilien nie erwischt. Solche Leute sind doch schlicht krank! Was hatte das mit uns Deutschen zu tun? Das war doch einfach aus dem Ruder gelaufen damals. Die Menschenexperimente, die sie da gemacht haben. Medizinische Forschung ist nun mal nötig. Aber doch nicht lebende Menschen aufschneiden! Das ist ja pervers! Heute regen sich alle darüber auf, aber auf der anderen Seite erlauben sie alles! Was Sex angeht, meine ich. Auch so ein neues Wort von den Amerikanern. Denen ist ja gar nichts heilig. Anstand hat doch auch damit zu tun, dass man gewisse Dinge einfach nicht in den Mund nimmt!

Ich denke ja, das ist wie ein Geschwür, das man nicht mehr los wird, wenn man es nicht rechtzeitig rausschneidet. Das kann doch keiner wollen, dass sich so ein Schweinkram wie bei den Griechen hier breitmacht? Und dabei ist das schon in vollem Gange, wenn man sich mal umhört!

Irmgard hat erzählt, dass ein Nachbarjunge von einem Perversen in einen Bunker gelockt worden ist. Ein Zwölfjähriger, Sohn des Malermeisters Beck. Der war kaum älter! Also der Perverse, meine ich. Vielleicht zwei Jahre oder so. Der wollte dem Frank Kriegsgerät zeigen, jedenfalls hat er das behauptet, dass das da noch rumläge. Damit kann man so Jungs ja immer kriegen. Als sie dann in der Höhle waren, da hat der den Frank auf einmal getreten und umgeschubst und sich auf ihn draufgeschmissen. Das mit dem Kriegsgerät, das war wohl nur ein Vorwand gewesen. Geschlagen hat er ihn und gezwungen, sich auszuziehen, um an ihm rumzufummeln. Der Junge hat sich schließlich befreien können und ist weggerannt, raus aus der Höhle. Hat seinem Vater alles gesagt, und der ist zur Polizei, Anzeige wegen Körperverletzung. Den anderen haben sie ziemlich schnell geschnappt, weil der Frank den kannte. Das war einer, mit dem er mal auf der Schule gewesen war. Der muss dann gesagt haben, sie hätten sich doch nur gebalgt, da wär überhaupt nichts bei gewesen. Na, da haben sie das Verfahren ganz schnell wieder eingestellt. Die Eltern von dem anderen haben wohl auch allerhand Geld bezahlt an den Beck. Deswegen hat die Mutter der Irmgard den Namen auch nicht verraten. Das muss man sich mal vorstellen! Da geht das mit den Kindern schon los! Und die lassen sich das einfach bezahlen und gut ist! Mit Geld kann man alles machen.

Dass die Jungen miteinander Schweinkram machen, das scheint eine Art neue Seuche zu sein. Eine Nachbarin von der Margarethe hat so was Ähnliches erzählt.

Da wurde ein Junge von einem älteren im Wald bedroht und belästigt, also mit Ausziehen und überall Anpacken. Die Mutter ist gar nicht erst zur Polizei, sondern direkt zu der Mutter von dem anderen gegangen. Gleiche Masche: Sie kriegte Geld, dass sie den Mund hält. Also keine Namen nennt. Und hat sich dran gehalten. Kein Wörtchen mehr hat Margarethe erfahren. Unter dem Adolf hätte es so was nicht gegeben!

Hertha hat von einem Jungen erzählt, von dem ihr eine Kundin neulich erzählt hat, dem jemand eine Pistole an den Kopf gehalten hat. Einfach so mitten auf der Straße! So ein Halbstarker. Der hat den Arm um ihn gelegt und in der Hand war die Pistole, die er auf seinen Kopf gerichtet hat. Dann hat er ihn gezwungen, mit ihm in einen Bus zu steigen. So den Arm um die Schulter, Pistole hinter der Hand an den Hals gedrückt, als wenn er den anderen freundschaftlich umarmen würde. Sie sind ein paar Stationen gefahren, und der Kleine hat sich nicht getraut, zu schreien oder die Leute um Hilfe zu bitten. Und keiner hat hingeguckt! Dann ist der Kerl mit ihm ausgestiegen und die Straße entlang in Richtung von einem Wäldchen gegangen – na, was wird der wohl mit dem vorgehabt haben? Aber dann hat der ganz plötzlich angehalten und den Kleinen angeschrien: »Hau bloß ab!« Hat ihm sogar noch Geld für die Busfahrt zurück in die Hand gedrückt. Am ganzen Leib gezittert hätte der. Also der mit der Pistole. Der Kleine sowieso. Der ist gerannt, wie wenn der Teufel hinter ihm her wär. War ja auch so.

Wo kommen wir hin, wenn so was am helllichten Tag möglich ist? In einem Bus! Wo gucken die hin, die

Leute? Der Junge hat seiner Mutter davon erzählt, und die hat es weitererzählt, aber gemacht hat sie nichts. Was sollte sie denn auch machen, hat sie gesagt. Wen hätten sie denn anzeigen können? Die bei der Polizei hätten ja doch nur gesagt, der spinnt, ihr Sohn. Da ist natürlich was dran. Aber besser einmal zu viel jemand angezeigt als einmal zu wenig! Also mein Vater hat damals keine Sekunde gezögert, als meine kleine Schwester von dem Mann erzählt hat. Die Liesel war ja zehn Jahre jünger als ich. Damals war ich längst in der Lehre. Der stand da jeden Morgen hinter dem Gebüsch am Schulweg. Das sah immer so aus, als müsste der pinkeln, hat die Liesel gesagt. Jeden Morgen um die gleiche Zeit. Immer, wenn die Mädchen kamen. Der hatte offensichtlich schon auf die gewartet. Als sie unserem Vater davon erzählt hat, ist er gleich mit dem Blockwart hin am anderen Morgen. Die haben den Kerl zusammengeschlagen, und dann ist der abgeholt worden. Ab ins Lager! Da wird das Schwein wohl kaum wieder rausgekommen sein.

Wenn wir so im Büro zusammengehockt haben, die Hertha, die Margarethe, die Irmgard und ich, haben wir uns immer gefragt, was da alles schieflief in unserer schönen neuen Bundesrepublik. Vielmehr, ich hab das meist gefragt. Aber die anderen haben dann ihren Senf dazugegeben.

»Da dachte man, unter dem Hitler wären die doch alle vergast worden!«, meinte die Irmgard nachdenklich. »Aber kaum ist der Adolf weg – Schwupps! – sind die wieder da!«

»Genau! Das kann doch kein Zufall sein, dass wir vier alleine schon von drei solchen Perversen gehört haben – und das gleich hier um die Ecke!«, pflichtete Irmgard ihr bei. »Wahrscheinlich wimmelt es überall schon davon!«

»Und in der Zeitung steht kein Wort davon!« Das war Hertha.

»Lügnerische Presse!«, ergänzte Irmgard. »Was willst du da erwarten? Die sind doch alle korrupt!« Sie schenkte uns Kaffee nach. Eigentlich war die Pause längst zu Ende, aber es ging schließlich um Wichtigeres als Angebote, Bestellannahmen oder Mahnungen.

»Wie kann das überhaupt sein?«, wollte Margarethe wissen. »Wo kommen die auf einmal alle wieder her? Solche Elemente vererben ihre Neigung doch nicht. Ich meine, die *können* sich doch gar nicht fortpflanzen, das geht doch von Natur aus schon nicht!«

Die Vorstellung machte mich kichern. Aber sie hatte ja vollkommen recht. »Das bringen die sich selber bei«, sagte ich. »Wer achtet denn noch darauf, was die jungen Leute heute so treiben? Die sind doch die meiste Zeit sich selbst überlassen. Da kommen die halt auf dumme Gedanken. Was soll schon Gutes rauskommen bei dieser Rumlungerei?«

»Da war doch dieser Film …« Irmgard schnipste mit Daumen und Mittelfinger, um ihrem Gedächtnis auf die Sprünge zu helfen. »Der hieß doch auch so! – Genau! ›Die Halbstarken‹! Da wird das genau beschrieben!«

»Ah, mit dem Horst Buchholz!« Hertha schlürfte vernehmlich Kaffee. Ihr versonnenes Lächeln schien sich nicht nur auf dessen Aroma zu beziehen.

»Wenn ihr mich fragt«, hab ich gesagt, »dann hat das vor allem damit zu tun, dass der Ami mit solchen Elementen eben ganz anders umgeht. Nämlich *gar* nicht! Und wir gucken uns doch alles von denen ab!«

»Denn sie wissen nicht, was sie tun!«, warf Hertha ein. James Dean stand in ihrer Liste noch ein paar Wolken über Horst Buchholz.

»Jedenfalls hat der Adenauer doch immer alles gemacht, was der Eisenhower ihm diktiert hat!«

»Ob der Kennedy jetzt so viel besser ist?«, zweifelte Margarethe.

»Auf jeden Fall hat er eine First Lady mitgebracht, die auf die Titelseiten passt. Mit ihren Hütchen wie ein Liftboy!« Hertha wusste Bescheid.

»Denen geht es nur darum, dass sie überall in den Medien sind! Ich sag doch: lügnerische Presse!«, wiederholte Irmgard. »Alles dreht sich um den schönen Schein – und die oberen Zehntausend!«

»Hach!« Das war wieder Hertha. »Bing Crosby und Frank Sinatra!«

»Und Grace Kelly!«, ergänzte Margarethe, die sich immer ärgerte, dass Hertha die ganzen männlichen Filmschauspieler anbetete und die Frauen außer Acht ließ.

»Ist das nicht die, die den Fürsten von Monaco geheiratet hat?«, vergewisserte die sich.

Hertha war im Grunde das beste Beispiel dafür, dass es keine Werte mehr gab. Die interessierte in Wirklichkeit nur der schöne Schein. Jacqueline Kennedys Kleidung! Von der amerikanischen Politik hatte die überhaupt keine Ahnung! Aber so habe ich ihr das natürlich nicht gesagt.

»Der Kennedy, der will auf jeden Fall, dass alles noch viel liberaler wird, dass am Ende alles erlaubt ist!«, hab ich den Bogen wieder zu dem eigentlichen Thema geschlagen. »Da sind die Juden ganz anders drauf. Den Eichmann haben sie ganz flott aufgehängt!«

»Na, der war ja auch ein böser Deutscher«, hat Irmgard grimmig ergänzt. »Der hat uns alle reingeritten!«

Womit sie recht hatte. Was hatten wir mit diesem Verrückten zu schaffen?

⚝

KARL

Sie hatten sich gestritten. Wieso eigentlich? Es ging um etwas richtig Albernes. Wie hoch das Rheinstahl-Hochhaus wäre! Hans und er hatten nachmittags am Gildenplatz vor dem Rathaus ein bisschen rumgelungert. Sie trafen sich immer an dem Brunnen, weil er ungefähr in der Mitte zwischen ihren Wohnungen lag. Im Sommer konnte man sich da prima abkühlen. Aber jetzt, Ende März, war es noch viel zu kalt. Sie hockten sich auf den Rand, sodass sie die große nackte Badende im Blick hatten. Wann kriegte man schon mal nackte Frauen zu sehen? Die hier stand mitten im Brunnen auf einem Bein rum, war riesig, aus Bronze und Kunst. Karls Vater hatte sich einmal darüber lustig gemacht, dass es wahrscheinlich an der Nackten läge, dass sich am Gildenplatz die großen Damenbekleidungskaufhäuser versammelt hätten: C&A und das Boecker-Damenhaus. Der Schönen im Brunnen schien die neueste Mode ziemlich egal. Sie trug Grünspan und guckte über die linke Schulter ins Wasser. Schenkte auch dem Rheinstahl-Gebäude keine Beachtung.

Das Hochhaus war im letzten Jahr fertig geworden und überragte die ganze Innenstadt. Hans' Vater, der bei den Bauarbeiten dabei gewesen war, tat immer ein bisschen so, als wäre das sein persönliches Meisterwerk. Und natürlich wusste sein Sohn ganz genau, dass es über

100 Meter hoch sein musste! Karl hatte es aber vor Kurzem noch nachgelesen und war sich sicher, dass es nicht mal 80 Meter sein konnten.

»Ich wette um 50 Pfennig!«, sagte Hans.

»Ich hab kein Geld«, gab Karl zurück. Er ärgerte sich, weil er so sicher war und das Geld ihm bestimmt sicher gewesen wäre. Aber wenn er nichts dagegenhalten konnte, gab es nichts zu wetten und schon gar nichts zu gewinnen. Wieso kriegte der Hans mit acht Jahren schon so viel Taschengeld, und er, Karl, würde erst mit zehn was bekommen? Alle seine Geschwister hatten erst mit zehn Taschengeld gekriegt. Das bedeutete, dass er noch zwei lange Jahre würde warten müssen. Dabei verdiente sein Vater bestimmt nicht schlechter als Karls. Er musste davon allerdings sechs Mäuler füttern, doppelt so viele wie in Karls Familie.

»Soll ich dir dafür die Rechenaufgaben machen?«, bot er an. Er war viel besser in Rechnen als Hans.

»Ph«, machte der.

Nach einer Weile setzte er nach: »Für einen Monat!«

»Einen Monat! – Du spinnst!«

Sie einigten sich auf zwei Wochen. Dann ging es darum, wie sie es rauskriegen sollten. Hans' Vater konnten sie schlecht fragen, der war auf einer Baustelle irgendwo außerhalb. Sie einigten sich auf das Rathaus, das hatten sie schließlich direkt vor der Nase.

Der Pförtner guckte erst streng, dann überrascht und schließlich lachte er und versprach, er werde das klären. Nachdem er zwei Anrufe getätigt und wieder aufgelegt hatte, beugte er sich über den Tresen. »Wer von euch hat denn was gewettet?«

Hans warf sich in die Brust: »Ich hab gesagt, es ist über 100 Meter.«

»Und du?«, fragte der Mann.

»Unter 80.«

»Glückwunsch«, sagte der Pförtner. »Du hast gewonnen. Es sind 76,9 Meter.«

Als sie wieder auf dem Platz standen, hielt Karl die Hand auf.

»Du kannst mich mal!«, grollte Hans. Er fischte die 50-Pfennig-Münze aus der Hosentasche und warf sie seinem Kumpel zu, der sie auffing.

»Ätschbätsch!«, sagte Karl, und das war wohl der Tropfen, der Hans' Übellaunigkeit besiegelte.

»Viel Spaß damit!« Er drehte sich um und stapfte davon in Richtung Kornmarkt, wo er wohnte.

Karl zögerte einen Moment zu lange, ihn zurückzurufen. Wenn der Freund sich so pampig aufführte, war er doch der Letzte, der ihn davon abhielt! Kaum war Hans verschwunden, ärgerte er sich. Was sollte er jetzt mit dem Nachmittag machen?

Unschlüssig schlenderte er zurück zum Brunnen, in der Hoffnung, dort vielleicht jemand anderes zu treffen. Es kam aber keiner. Karl begann sich Gedanken zu machen, wie er die 50 Pfennig investieren wollte.

Er könnte zur Konsum-Anstalt am Berliner Platz laufen und dort etwas für seinen Vater zum Geburtstag besorgen, irgendetwas, was ihm Freude machen würde.

Aber was würde ihm Freude machen?

Er könnte auch die andere Richtung einschlagen. Die zur Ribbeckstraße. Zur Kirmes. Für 50 Pfennig könnte er mindestens einmal Kettenkarussell fahren!

Er ging in Richtung Osten.

In Höhe der Kettwiger Straße kreuzten zwei Schornsteinfeger auf ihren Fahrrädern seinen Weg: schwarze Käppis, schwarze Hosen, zweireihige Kehranzugjacken, Draht und Besen auf dem Rücken und zwei schwarze Gesichter, die ihn mit blitzend weißen Zähnen anlachten.

Was für ein Glückstag!, dachte er. Ich habe gleich doppelt Glück!

Auf der Kirmes nahm er sich Zeit, alle Buden und Fahrgeschäfte zu begutachten. Die 50 Pfennig wollten gut angelegt sein! Endlich entschied er sich für eine Runde mit dem Kettenkarussell und einmal Schiffschaukel.

Die Schiffschaukel war eigentlich nicht seins, er war noch zu klein dafür. Aber es war bezahlbar, und er wollte es sich beweisen, dass er das Ding in Bewegung kriegte. Das wäre doch gelacht! Wenn er sich nicht übte, konnte das ja auch nichts werden.

Der Autoscooter war unerschwinglich. Er stellte sich an den Rand und beobachtete das Hin und Her auf der Fahrbahn. Die Lichter, das Schreien, Rempeln, Lachen, die dröhnende Musik – wenn er groß wäre, wenn er Geld hätte, dann würde er da auch mitmischen!

Ein Schatten fiel über ihn, und als er zur Seite aufblickte, sah er einen älteren Jungen neben sich, der ihn anlächelte.

»Das würdest du wohl gerne mal ausprobieren«, sagte er.

Es klang irgendwo zwischen Feststellung und Frage. Karl entschied sich, keine Antwort zu geben. Wozu auch?

Der andere wartete, bis das Treiben stoppte, dann

überquerte er zügig die Fahrbahn und strebte dem Kassenhäuschen zu, vor dem sich bereits viele Menschen drängten. Die Fahrgäste kletterten aus den Scootern, andere konnten es kaum abwarten, sie zu entern. Manche blieben sitzen und diskutierten mit denjenigen, die ihren Scooter hatten übernehmen wollen, und ehe die sich wieder umsahen, waren alle Autos besetzt. Die Kassenschlange löste sich auf, die Menschen verteilten sich am Rand, eine dröhnende Lautsprecheransage, Musik setzte ein, die nächste Runde begann.

Der Junge von eben war zurückgekommen. Er stellte sich neben Karl und sagte: »Und? Fährst du eine Runde mit mir? Ich lade dich ein!«

Karls Herz machte einen Hupf. Und *was* für ein Glück er hatte! Das war ja unglaublich!

Sie fuhren nicht nur eine Runde, sondern drei. Viel reden konnte man ja nicht dabei. Karl war vollkommen damit beschäftigt, sich festzuhalten, zu schreien, wenn es rumste, zu jubeln, wenn es sie herumschleuderte, und seinen Fahrer anzufeuern. In den Pausen fragte der Junge: »Und, willst du noch mal?«

Und wie er wollte!

Nach dem dritten Mal blieb die Frage aus. Stattdessen stand der andere auf, stieg aus dem Wagen, reichte Karl die Hand, sodass der auch aus dem Scooter klettern konnte, hielt seine Hand fest, bis sie den Rand erreicht hatten, dann fragte er: »Und? Was kann man hier noch so machen?«

Sie fuhren Geisterbahn, Achterbahn, schwangen in der Schiffschaukel zusammen bis ganz hoch oben, sie aßen Zuckerwatte und schließlich eine Bratwurst.

»Sag mal, wie alt bist du eigentlich?«, fragte Karl kauend.

»Was denkst du denn, wie alt ich bin?«, kam die Gegenfrage.

Schwierig. Er sah eigentlich noch sehr jung aus. Aber er schien ja schon richtig gut zu verdienen, musste bestimmt schon ausgelernt haben.

»17?«

»15!«

»Und woher hast du das ganze Geld?« Es war ihm herausgerutscht, ehe er ernsthaft darüber nachgedacht hatte.

Der andere lachte. »Ich mache eine Ausbildung. Da verdiene ich ein bisschen.«

»Musst du das Geld denn nicht zu Hause abgeben?«

Das Lächeln verschwand. »Nein. Jedenfalls nicht alles.«

Der Junge wischte sich die Hände an einem Taschentuch sauber. »Sag mal, könntest du mir vielleicht einen Gefallen tun?«

Als sie in dem Bus saßen, kam das schlechte Gewissen. Es würde nicht lange dauern, hatte er gesagt. Aber was hieß das: nicht lange? Um sechs Uhr sollte er zu Hause sein, das hatte er ihm auch gesagt. Er hatte gelacht und gemeint, klar, er werde dafür sorgen, dass sie auf jeden Fall pünktlich zurück wären. Karl hatte keine Uhr. Er hatte auf dem Weg zur Bushaltestelle auch keine gesehen. Während der Fahrt waren sie soeben an einer vorbeigekommen, die über einer Apotheke hing. Er hatte sie zu spät gesehen und konnte sie auch noch nicht ganz gut lesen. Aber dass der kurze dicke Zeiger nach unten wies, das hatte er schon gesehen. Wenn es jetzt schon auf sechs Uhr zuging und sie doch die ganze Fahrt wieder zurück machen sollten – wie sollte er dann noch pünktlich zu Hause sein? Auf der anderen Seite: Wie sollte er dem Jungen diesen Gefallen abschlagen? Er war so nett gewesen, und wenn er ihm zugesagt hatte, es würde nicht lange dauern, dann war das gewiss so.

»Es ist nicht weit«, sagte er, als sie aus dem Bus stiegen. Sie gingen ein Stück eine Straße entlang, links Ein- und Mehrfamilienhäuser, rechts ein waldig-felsiges ansteigendes Gelände. Dann – etwas verdeckt – der Eingang zu einem Bunker, der in den Fels führte. Da waren auch ein »Betreten verboten«-Schild und eine Absperrung, der man aber ansah, dass sie nicht mehr in der ursprünglichen Position saß. Hier war offensichtlich schon öfter jemand ein und aus gegangen. Karl drehte sich um. Dichtes Buschwerk zur Straße hin. Man musste schon ganz nah rangehen, um zu sehen, dass sich hier der Einlass zu einer Höhle befand. Es sah sehr aufregend aus, aber auch ein bisschen unheimlich.

»Geht das weit da rein?«, fragte er.

»Hast du Schiss?«, fragte der andere zurück.

»Nee«, log Karl. »Aber es ist ja schon spät.«

»Na los, dann sollten wir uns beeilen.« Der Junge ging ein paar Schritte vor, zog eine Kerze aus seiner Jackentasche, hockte sich hin, stellte sie ab und zückte ein Päckchen Streichhölzer. Als er bereits ein Hölzchen in der einen, die Packung in der anderen Hand hatte, stockte er auf einmal und hielt Karl beides hin. »Oder willst du?«

Ja klar, das gehörte ja dazu. Während er das Zündholz an der Reibefläche entlangratschte und die Kerze anzündete, spürte Karl sein Herz pochen. Das Abenteuer konnte beginnen!

»Willst du die Kerze halten oder soll ich?«, wurde er wieder gefragt.

»Mach du ruhig, du kennst dich aus«, sagte er. Trotzdem war er froh, dass er nicht hinterhergehen musste, sondern dass der andere einen schützenden Arm um ihn legte, sodass sie Seite an Seite in die Höhle vordrangen.

Ja, es war unheimlich! Der Boden war steinig, man musste aufpassen, dass man nicht ins Stolpern geriet. Wenn man gegen die Höhlenwände stieß, tat es weh, weil da hartes, zackiges Felsgestein war. Das Kerzenlicht reichte nicht weit, es flackerte und drohte auszugehen. Vor, neben, hinter ihnen war alles rabenschwarz, der Gang hatte einen leichten Knick gemacht, von dem Eingang kam keine Helligkeit mehr. Unvermittelt stieß Karl mit dem Fuß gegen etwas Größeres, er strauchelte, verlor das Gleichgewicht und rumpelte derart gegen seinen Begleiter, dass dem die Kerze aus den Händen rutschte und auf den Boden fiel. Die Flamme erlosch.

Karl gab einen entsetzten Schrei von sich und fiel auf die Knie, wollte die Kerze zu fassen kriegen, erwischte sie, griff mitten in das heiße flüssige Stearin und schrie ein weiteres Mal auf, diesmal vor Schmerz.

Er hörte ein Lachen, spürte die Hände des anderen, die ihn abtasteten. »Alles in Ordnung?«, hörte er die Stimme dicht an seinem Ohr.

Etwas raschelte, ein Streichholz flammte auf, dann der Docht. Das Gesicht des Jungen, die Konturen der Höhlenwände wurden wieder sichtbar.

»Da hattest du aber mächtig Schiss, was?« Der Junge lachte.

Karl spürte, wie seine Angst sich in Wut wandelte. Mit einem Mal gab es nur noch eines, das er wollte. »Ja, hatte ich!«, sagte er. »Und ich will hier wieder raus! Ich weiß nicht, wo das sein soll, was du hier suchst, aber ich will das auch gar nicht mehr finden! Ich muss nach Hause!«

»Du willst mich jetzt hier sitzen lassen?« Das klang nicht lustig. Eher scharf.

»Hab ich dir etwa keine Belohnung versprochen?«

»Das ist mir egal!« Karl drehte sich in die Richtung, wo sie hergekommen waren, und streckte die Arme aus, um sich an den Höhlenwänden entlangzutasten.

Eine Hand griff nach ihm, packte ihn grob im Nacken und schleuderte ihn zur Seite, dass er mit dem Kopf gegen den Felsen krachte. Er schrie, stürzte, kullerte weg von seinem Angreifer und krümmte sich zusammen. Sein Herz raste. In welche Richtung musste er noch rennen, wenn er wieder auf die Beine kam?

Der andere war da, ehe er den Gedanken zu Ende gebracht hatte. Er musste die Kerze abgestellt haben, sodass da nichts mehr war, was ihn hinderte. Er warf sich über ihn, schlug ihn, griff ihm in die Haare und riss daran. Karl schrie. Es tat höllisch weh. Aber das war nicht das Schlimmste. Er wusste schlagartig: Er würde hier nicht mehr rauskommen!

Einen kurzen Moment lang hielt die Zeit an. Der junge Mann, der auf ihm lag, wühlte in der Jackentasche. Dann schien er gefunden zu haben, was er suchte. Er hob den Arm, holte weit aus.

Karl sah aus den Augenwinkeln eine Pistole. Wollte der Irre ihn erschießen? Er schrie aus Leibeskräften. Etwas Metallenes krachte an seine Schläfe. Die Welt explodierte.

KAPLAN

Lieber Nepomuk, hilf!

Du, der du gestorben bist für das, was man dir anvertraute, sage mir, was ich tun muss mit dem mir Anvertrauten, nachdem jemand sein Leben lassen musste! – Vielleicht noch weitere werden sterben müssen!

Du hast mich noch jedes Mal begrüßt und begleitet, wenn ich meinen Platz im Beichtstuhl einnahm – schweigend natürlich. Aber ich wusste immer, dass du ein Auge auf mich hast. Es konnte kein Zufall sein, dass ich an deinem Gedenktag diese Beichte abnehmen musste.

Beichte! Was ist das? Da lädt jemand etwas ab. Eine Zentnerlast! Bei dir! Wenn Nietzsche sagt, wer seine Schuld einem anderen gebeichtet habe, vergesse sie, der andere aber vergesse sie nicht, so steht das doch normalerweise dafür, dass der andere das Vertrauen missbrauchen, den Beichtenden schädigen könne. Welchen Schaden richtet aber der Beichtende bei seinem Beichtvater an? Der das nicht vergessen kann? Bei wem kann der es beichten, um es zu vergessen? Oder willst du mir sagen, dass ich mich in Selbstmitleid suhle, mein geringfügiges Leid beklage – in Anbetracht des Unaussprechlichen, das dir, das jenem Kind widerfuhr!

Ja, ich habe den Codex Iuris Canonici studiert! Wieder und wieder! Ich kannte ihn bereits in- und auswendig, als man mich examinierte, und habe doch gehofft, da könnte noch etwas sein, eine Passage, die ich überlesen, ein Hinweis, ein winziges Schlupfloch!

Dieser Mühlstein an meinem Hals! Der mich hinabzieht! Aber wohin? Dich hat König Wenzel nach der Folter von der Karlsbrücke in die Moldau stoßen lassen. Was für ein gnädiger Tod!

Du hast geschwiegen. Als es dich wieder auftrieb aus den Tiefen des Flusses, war deine Leiche von fünf Flammen umsäumt. Dem Sternenkranz, der zu deinem Insignium wurde, einem, das neben dir nur der Jungfrau Maria zusteht. Fünf Sterne, die für fünf Buchstaben stehen: t – a – c – u – i: *Ich schwieg*. Du hast das dir von der der Untreue verdächtigten Königin anvertraute Beichtgeheimnis nicht verraten.

Und ich? Soll ich – kann ich – darf ich schweigen?

Welche Sünde ist größer? Der Codex ist eindeutig und unbarmherzig: Nie, unter keinen Umständen, darf das Sakrament verletzt werden. Nur – so frage ich dich, Johannes Nepomuk, den Schutzheiligen des Beichtgeheimnisses: Worin genau besteht das Sakrament? Geht es darin nicht um das Lossagen von der Sünde? Ist das nicht der Kern des Sakraments? Ich konnte es ihm nicht gewähren, nicht ich! Ich habe ihn seinem Herrn anempfohlen, der über ihn richten möge. Wer bin ich, dass ich mir anmaßen könnte, eine solche Sünde zu vergeben? Zumal: Wo war der Vorsatz der Änderung und der Wiedergutmachung? Ist sie nicht die »conditio sine qua non« der Absolution? Den Wunsch habe ich vernommen, dass der Herr den Trieb von ihm nehmen möge. Den Willen, sich zu stellen, für das, was er getan, einzustehen, nicht. Ich *konnte* ihm die Absolution nicht erteilen! Das Sakrament wurde insofern nicht vollzogen! Und ich frage noch einmal, lieber Nepomuk: Ist das Schweigen ein Sakrament? Wo steckt darin göttliche Wirksamkeit?

Ach, ich frage den Falschen! Wenn ich dich anschaue, kenne ich die Antwort doch bereits: Du bist dafür heilig gesprochen worden, dass du dein Leben dafür gegeben hast!

Meine Kirche wird mich nicht liquidieren dafür. Aber exkommunizieren. Alles, wofür ich gelebt habe, eins zu werden mit dieser Kirche, wird man mir nehmen, weil ich ihre heiligsten Gebote missachtet hätte. Im Kanon 983 des Kirchenrechts steht es unmissverständlich: Das Beichtgeheimnis gilt absolut. Die Regel ist strenger als das gesetzliche Zeugnisverweigerungsrecht nach Paragraf 139 des Strafgesetzbuchs. Ich habe alles zehnmal nachgelesen seitdem: Es gibt auch keine gesetzliche Pflicht, die mich von meinem kirchlichen Gebot erlöste. Selbst wenn es um Mord und Totschlag geht: Nichts entbindet mich! Und doch: Wie soll ich damit leben?

Ich kannte ihn nicht. Zumindest in dem letzten Jahr, seit ich im Essener Dom den praktischen Teil meiner Priesterausbildung absolvierte, war er in der Gemeinde nicht aufgetaucht. Aber er kannte sich aus.

Ich hörte seine Schritte, die sich dem Beichtstuhl näherten. Im Nachhinein fragte ich mich: Woher wusste ich überhaupt, dass er ein Er und nicht eine Sie war?

Ich denke, man hört es am Gang. Aber natürlich habe ich nicht bewusst darüber nachgedacht. Dann blieb er stehen. Wollte er beichten oder nicht? Dachte er noch darüber nach? Oder betrachtete er die Grablegung Christi, vor der er gerade stehen musste?

Die Nische mit der Figurengruppe der Trauernden rund um den Leichnam Christi steht auf der anderen Seite des Beichtstuhls. Auf der anderen Seite, wo du stehst. Oder zumindest deine Statue. Dein Stellvertreter, der unseren Beichtstuhl bewacht.

Es konnte nur so gewesen sein, dass er die Grablegung betrachtete. Den Leichnam des Herrn, umgeben von den Trauernden: dem Jünger Johannes, der sich der dem Schmerz hingegebenen Gottesmutter annimmt. Die drei Marien mit den Salbgefäßen, die am Ostermorgen zum Grab gingen: Maria Magdalena, Maria Salome und Maria, die Mutter des Jakobus. Josef von Arimathäa am Fußende des Toten und Nikodemus am Kopfende stehend, im Begriff, ihn einzuhüllen, um ihn in das Grab zu legen.

Er musste stehen geblieben sein, um sie anzusehen. Weil sie von dem erzählten, was er zu beichten hatte. Nur dass er nicht als Trauernder vor dem Leichnam stand. Sondern als der Mörder. Nicht seines Herrn. Nicht direkt zumindest. Aber hat der Herr nicht gesagt: Was du dem Geringsten meiner Brüder tust, das hast du mir getan! Musste er sich nicht so fühlen, als er vor der Grablegungsnische stand?

Er kniete sich schließlich hin, sagte: »Ich bin gekommen, meine Sünden zu beichten, Herr Kaplan.«

Ich weiß nicht, ob er mich kannte. Ich erkannte seine

Stimme nicht, hieß ihn willkommen, wie ich jeden willkommen heiße, der sich Gott mitteilen will.

»Im Namen des Vaters und des Sohnes und des Heiligen Geistes. Amen«, sagte er.

Ich entgegnete: »Gott, der unser Herz erleuchtet, schenke dir wahre Erkenntnis deiner Sünden und seiner Barmherzigkeit.«

Und er: »Amen.«

Er kannte die Rituale der römisch-katholischen Kirche, die Formeln, war mit dem Sakrament vertraut.

Bis dahin war es reine Routine. Du weißt, heiliger Nepomuk, dass ich noch nicht so lange mit der Seelsorge betraut bin. Aber was war bisher dabei gewesen? Man lernte das Sündenregister schnell auswendig, ebenso wie die dazugehörigen Bußen. Man verstand mit der Zeit, dass diejenigen, die da beichteten, das Register samt der Bußen genauso gepaukt hatten, dass sie sich vermutlich, bevor sie zu ihrem wöchentlichen Beichtritual aufbrachen, überlegten, welche der möglichen Sünden sie diesmal anführen wollten. Mit ihren eigentlichen Verfehlungen, mit Besinnung und Reue hatte das wenig zu tun. Nicht bei allen. Aber doch bei den allermeisten, zumal bei den Jüngeren. Woher sollten die das Gespür für die Grenze zwischen Gut und Böse haben, die doch der Lebenserfahrung bedarf? Wo genau beginnt die Unkeuschheit? Der sündige Gedanke lässt sich schnell fortwischen. Die Tat erst zählt. Doch wäre das eine ohne das andere überhaupt möglich?

Der Junge hatte das Beichtgespräch eröffnet. Jetzt zögerte er, wiederholte, er *müsse* es beichten. Setzte nach, es sei etwas ganz Schlimmes, was er beichten müsse. Stockte.

»Ich bin ganz Ohr«, sagte ich.

Da erzählte er. Er kam gleich zur Sache. Erzählte von einem Jungen, den er auf der Kirmes angesprochen und gelockt hatte, mit ihm mitzukommen. Von einer Busfahrt, zu der er ihn überredet, von sündigen Gedanken und Zweifeln. Von einer Höhle, in die er den Jungen geführt. Er erzählte, dass er ihn in dieser Höhle missbraucht und mit einer Gaspistole erschlagen hätte. Einen Achtjährigen. Sein eigenes Alter gab er mit 15 an. Er sprach von einem Zwang, der ihn ergriffen hätte. Es war kein Affekt. Es war in ihm, bevor er den Jungen angesprochen hatte. Er hätte es nicht stoppen können trotz aller Zweifel, die ihn unterwegs überfielen. Nicht stoppen *wollen*. Das war das Allerschlimmste.

Du, gnädiger Johannes Nepomuk, sage mir, was ist das unzüchtige Treiben einer Königin gegen eine solche Tat, einen derartigen Trieb?

Als wenn der Mord selbst nicht grausig genug gewesen wäre! Die Lust daran war das Schrecklichste und das, was mich fürchten lässt, dass es nicht dabei bleiben wird. Dass er nicht in der Lage sein wird, die Reue zu empfinden, die derart nachhaltig ist, dass er – wie ich es ihm eindringlich nahegelegt habe – sich stellen wird, um zu sühnen. Die Lust wird ihm einflüstern, dass es gut war, was er getan hat, dass er es wieder und wieder tun müsse, dass er die Durchführung perfektionieren, die Qualen, die er diesem unschuldigen Kind angetan, ins unfassbar Unerträgliche steigern müsse, um das zu erreichen, was er sich als orgiastischen Höhepunkt so sehnsüchtig wünscht: ein Kind bei lebendigem Leibe aufzuschlitzen, um ein pochendes Herz in Händen halten zu können!

Was für ein entsetzliches Bild! Welcher Widerspruch in sich: Wie kann ein Herz pochen, wenn es herausgerissen wird? Ist Liebe nicht der Zustand der vollständigen Abwesenheit von Gewalt? Wie sollte man ein Herz dazu zwingen können?

Wie konnte es kommen, dass ein so junger Mensch derartigen Trieben ausgeliefert war? Wie will man so jemandem Enthaltsamkeit nahelegen?

Was nützt es, wenn ich wieder und wieder den Katechismus zu Rate ziehe? In der Formula Concordiae steht, dass die Keuschheit verschiedene Phasen des Wachstums durchlaufen müsse, in denen sie zunächst noch unvollkommen und für die Sünde anfällig sei. Der tugendhafte und keusche Mensch sei ein geschichtliches Wesen, das sich Tag für Tag durch freie Entscheidung selbst forme, womit der Mensch sich dem sittlich Guten stufenweise nähere. Ein Prozess, der nie als abgeschlossen betrachtet werden könne, solange der Mensch lebe.

Was aber, frage ich, wenn er sich stufenweise *entfernt*? Können wir ihn darin seiner freien Entscheidung überlassen? Ja, ich frage: Wie frei *ist* diese Entscheidung?

Im Gaudium et Spes steht geschrieben, dass die Keuschheit das Erlernen der Selbstbeherrschung erfordere, die eine Erziehung zur Freiheit sei. Wenn der Mensch nicht Herr über seine Triebe werde und so den Frieden erlange, bleibe er ihr Knecht und somit unglücklich. Und es steht dort ausdrücklich: Die Würde des Menschen erfordere, dass er in bewusster und freier

Wahl handele, von innen her bewegt und geführt. Weder unter blindem inneren Drang noch unter bloßem äußeren Zwang.

Dieser Mensch, der zu mir in die Beichte kam, gab genau das an: Dass er unter blindem inneren Drang gehandelt hätte!

Jemand, der Kinder anfassen wollte. Der sexuelle Erregung bei dem Gedanken spürte, sie zu quälen und umzubringen. Dem beim Anblick von Knabenkörpern warm wurde, der Schweißausbrüche und weiche Knie bekam. Dem vor lauter Erregung die Luft wegblieb. Der bereits Tage damit verbracht hatte, Kindern aufzulauern, in der Absicht, sie zu verschleppen, zu quälen und zu töten. Sie bei lebendigem Leib aufzuschneiden, Stück für Stück zu zerfleischen. Der davon träumte, zwei Jungen gleichzeitig zu entführen. Den einen zu zwingen, den anderen langsam umzubringen. Anschließend wollte er den Rest übernehmen.

Der Kinder mit Anlauf von hinten treten wollte, so heftig, dass er ihren Steißknochen zertrümmern würde. Der ihnen die Kleidung vom Leib reißen wollte, sodass er den Stoff knirschen hörte. Der sich selbst nackt ausziehen und auf sie legen, »das da unten« in den Mund nehmen wollte, Glied, Sack, alles auf einmal. Der seine Opfer vorne an den Haaren packen, ihnen gleichzeitig brutal hinten mit dem Finger hineinfahren, sie hoch- und wegschleudern wollte, um ihnen anschließend die schmutzigen Finger durchs Gesicht zu schlagen und sie ihnen in den Mund zu schieben.

Dem es wichtig war, dass die Jungen dabei Angst hätten und schrien. Dass sie bettelten, wimmerten, um

Gnade flehten. Sie sollten keinesfalls geknebelt werden, er wollte ihre Schreie hören, ihre Panik genießen.

Der beim Gedanken an ein Messer, das durch lebendiges Fleisch schnitt, sexuelle Lust empfand. Der an dem Fleisch riechen, die Dauer dieser Lust steigern wollte, indem er die Torturen der Kinder in seiner Fantasie immer länger andauern ließ.

Der mit Rasierklingen und mit Messern Leiber aufschlitzen, genüsslich Bauch- und Zwerchfell durchtrennen, keinesfalls die Därme dabei verletzen, anschließend den schreienden Kindern die Hoden zerquetschen und das Geschlechtsteil abtrennen wollte. Der in das warme Innere greifen und die Eingeweide herausholen, den Darm hinten abreißen wollte. Der ekstatische Gefühle beim Gedanken empfand, wie es aus dem offenen Bauch, wie es in seinen Händen dampfte, während das Kind schrie.

Der ihm zuletzt das pochende Herz herausreißen wollte.

Ein solcher Mensch, der von einem derartigen blinden inneren Drang besessen war, die Würde anderer restlos zu zerstören, dessen Würde, dessen freier Wille sollte respektiert werden?

Aber mir sollte es verwehrt sein, äußeren Zwang anzuwenden, um ihn auf den rechten Pfad zurückzuführen? Wenn er doch eingestandenermaßen nicht in der Lage war, bewusst und frei zu entscheiden?

Heiliger Nepomuk, hilf!

PETER

Eigentlich liebte er Bahnfahren. Den Geruch von Eisen und Ruß, selbst das Kreischen der Bremsen beim Ein- und Ausfahren, die schrillen Pfiffe der Schaffner und die verrauschten Ansagen aus den Lautsprechern trugen zu dieser Ahnung von Freiheit und Abenteuer bei, die zwar stets von einem leisen Unbehagen begleitet war, sich aber doch verheißungsvoll anfühlte. Da war eine Welt, weit größer als alles, was er bisher kennengelernt hatte, die es zu erobern galt. Bahnhöfe waren Tore zu dieser Welt. Tore, die von starken Mächten gesteuert wurden. Unsichtbaren Gewalten, die selbst auf entlegensten Bahnsteigen alles beobachteten. Die über riesige Maschinen von großer Zerstörungskraft verfügten. Einmal in Bewegung gesetzt, fegten sie alles hinweg, was sich ihnen in den Weg stellte.

Wenn er groß wäre, wollte er Teil dieser Macht werden. Das System durchschauen und beherrschen. Die weite Welt erobern. Er würde Lokomotivführer werden!

Vorläufig war er den Mächten ausgeliefert. Er träumte zu viel. Passte nicht auf. Wie hatte es passieren können, dass er den Ausstieg versäumt hatte! Oder war er in den falschen Zug gestiegen? Wenn er es wüsste, wäre es nicht passiert. Hätte er doch besser auf die Ansagen geachtet! Warum konnte er die Zeit nicht zurückdrehen?

Der Zug war pünktlich gekommen, Peter war eingestiegen, hatte sich einen Platz in einem leeren Abteil gesucht, das Buch aufgeschlagen und war in den Abenteuern einer »Busfahrt, groß wie die Welt« von Johannes Mario Simmel versunken. Seine Oma hatte ihm das Buch zugesteckt, gesagt: »Lies, das wird dir gefallen!« Die Altersangabe »bis zehn« sprach für sich. Als wenn Omi nicht wüsste, dass er längst elf war! Aber er hatte es ihr schlecht zurückgeben können, und wenn er schon mal hier saß, konnte er auch darin herumblättern. Wider Erwarten las die Geschichte sich spannend. Eine Autobusfahrt mit vielen Kindern und einem Schaf, mit Pannen und Problemen, die es zu bewältigen galt.

Als er irgendwann wieder aufgeblickt hatte, weil die Bremsen kreischten und ein Bahnsteigschild an seinem Fenster vorbeiglitt, zu schnell, als dass er die Ortsangabe hätte erfassen können, da war ihm die Umgebung fremd vorgekommen. Anders, als er die Strecke zwischen dem Haus seiner Oma und dem seiner Eltern kannte. Der Zug fuhr wieder an, ehe er sich hatte vergewissern können, wo er sich tatsächlich befand. Lesen konnte er nicht mehr. Er beobachtete vorüberfliegende Landschaften, Ortschaften, Straßen. Die Zeit bis zum nächsten Halt dehnte sich zur Ewigkeit. Irgendwann hielt er es nicht mehr aus, packte das Buch in den Rucksack, setzte ihn auf, öffnete die Abteiltür und ging hinaus in den Gang zum nächsten Ausstieg. Endlich eine Durchsage: »Nächster Halt: Oberhausen.«

Der Zug verlangsamte seine Fahrt und hielt endlich an. Nach mehreren hektischen Versuchen gelang es ihm, die schwere Tür zu öffnen und auf den Bahnsteig zu klettern.

Oberhausen! Was nun? Zuallererst musste er zusehen, dass er zurückkam!

Auf der gegenüberliegenden Seite des Bahnsteigs stand ein Zug, der in die andere Richtung fuhr. Die Türen waren noch offen. Ein Pfiff ertönte. Schnell flitzte er rüber und erklomm den Waggon, ehe der Stationsvorsteher die Tür krachend hinter ihm zuwarf. Diesmal ging Peter nicht in ein Abteil, blieb im Gang stehen. Sollte er den Schaffner suchen? Er hatte keine Fahrkarte! Er musste einfach nur zurück, ohne sich erwischen zu lassen! Aufpassen, dass er Wuppertal nicht verpasste! Von dort fuhr seine Verbindung nach Gelsenkirchen. Nur: Wie viele Stationen war er eben gefahren? Dass er so gar nicht darauf geachtet hatte! Diesmal würde ihm das nicht passieren! Als der Zug endlich im nächsten Bahnhof einlief, hatte er auf die Ansage geachtet. Und war sich sicher, dass er diese Station eben nicht passiert hatte. Essen! Wieso Essen? War das nicht eine ganz andere Richtung? Panisch verließ er den Zug, sah sich um, lief die nächste Treppe runter. Er musste sich bei der Auskunft erkundigen! Auf dem Bahnsteig hätten sie als Erstes nach seinem Fahrschein gefragt.

Der Fahrkartenschalter war geschlossen.

Als Peter den Bahnhof verließ, schien die Sonne. Es war Mittagszeit, nur wenige Menschen waren unterwegs, die Straßen leer. Wen sollte er fragen? Er schlenderte ziellos die Straße entlang. Sein Magen knurrte. Er kam an einer Bushaltestelle vorbei, setzte sich auf die Bank unter dem Schutzdach und fischte aus seinem Rucksack das Butterbrot heraus, das seine Oma ihm am Morgen eingepackt hatte. Fleischwurst, lecker! Trotzdem war er noch hungrig. Zu trinken hatte er auch nichts dabei.

Er ging im Geiste die Möglichkeiten durch. Die Information am Bahnhof würde irgendwann wahrscheinlich wieder öffnen. Zu dumm, dass er nicht nach den Zeiten geguckt hatte! Außerdem gab es dort Aushänge mit den Fahrplänen, aus denen er vielleicht selbst erkennen konnte, wann der nächste Zug in Richtung Wuppertal oder Gelsenkirchen fuhr. Falls es überhaupt eine Direktverbindung gab! Dazu müsste er an den Schalter gehen. Aber die wollten dann natürlich Geld für eine Fahrkarte haben!

Wen sonst konnte er fragen?

Ein Bus näherte sich. Peter sprang auf, fühlte sich ertappt, wie wenn er etwas in Anspruch genommen hätte, was ihm gar nicht zustand. Der Fahrer fuhr mit Schwung dicht an den Bordstein heran, bremste, die Tür öffnete sich fauchend, noch ehe das Fahrzeug stand. Der Mann hinter dem Lenkrad beugte sich in seine Richtung, rief. »Steig ein!«

Peter blieb stehen. Sagte: »Entschuldigen Sie. Ich muss nach Gelsenkirchen.«

Der Mann hielt eine Hand an sein Ohr, beugte sich weiter in die Richtung der geöffneten Tür, brüllte über das Geräusch des Motors im Leerlauf hinweg: »Was? Wohin willst du?«

»Nach Gelsenkirchen!«, wiederholte er lauter.

Der Busfahrer lehnte sich abrupt zurück. Wies mit dem Daumen über die Schulter. »Da musst du zum Bahnhof! Hier fährt kein Bus nach Gelsenkirchen!«

Er ließ die Tür zischend wieder zuschnappen und gab Gas, ehe sie ganz geschlossen war.

Also zurück zum Bahnhof? Unschlüssig guckte Peter in beide Richtungen die Straße entlang. War da hinten auf der anderen Seite nicht ein Schild? Konnte das eine Polizeiwache sein?

Er hielt an, um die Straße zu überqueren. Ein Lieferwagen näherte sich langsam von links, er wusste nicht recht, ob der Fahrer darauf wartete, dass er die Straße überquerte, blieb sicherheitshalber lieber stehen. Kurz überlegte er, ob er ihn ansprechen sollte. Aber da war das Auto schon vorbei, und er überquerte hinter ihm die Straße. Er lief weiter, an einer Buchhandlung, einem Blumenladen und einer Bäckerei vorbei. Tatsächlich! Es handelte sich um eine Polizeistation! Als er vor der Treppe angelangt war, zögerte er. Was sollte er den Polizisten sagen, wie er hierhergekommen war? Er hatte gleich zweimal ohne gültige Fahrkarte einen Zug genutzt! Was würden die mit ihm machen? Ihn mit einem Streifenwagen nach Gelsenkirchen fahren? Bestimmt nicht! Und wenn: Seine Mutter würde sich zu Tode erschrecken, wenn er in einem Polizeiauto vorgefahren käme! Überhaupt fand er es auf einmal entsetzlich peinlich, da reinzugehen und der Polizei zu sagen, dass er zu blöd gewesen war, in die richtige Bahn einzusteigen!

Er wandte sich wieder ab und ging ein paar Schritte zurück in Richtung Bahnhof. Kam wieder an der Bäckerei vorbei. Hmm, das duftete! Er begutachtete die Auslage. Brote, Berliner, Amerikaner, Rosinenschnecken und Strudel. Wenn er jetzt Geld hätte!

Hinter sich hörte er ein Auto anhalten. Ein Fenster wurde heruntergekurbelt. Als er sich umdrehte, kam es ihm so vor, als handelte es sich um den gleichen Lieferwagen, der eben in der anderen Richtung an ihm vorbeigefahren war. Ein junger Mann saß am Steuer, beugte sich über den Beifahrersitz zu ihm hinüber. Hatte der sich etwa verfahren und wollte ihn nach dem Weg fragen? Guter Witz!

»Hallo!«, rief der Mann. »Kann das sein, dass du dich verlaufen hast?«

Hurra! Konnte das sein, dass ihm jemand Hilfe anbieten wollte? Peter nickte und machte einen Schritt auf das Auto zu.

Der andere lachte. »Wo musst du denn hin?«

Es war ihm so peinlich, dass er ins Stottern kam. »Gel-Gelsenkirchen!«

»Oh je! Das ist aber weit!« Wieder lachte der andere. »Wie bist du denn hierhergekommen?«

»In einem Zug!« – Wie blöd klang das denn! »Ich bin in den falschen Zug gestiegen!«

»Du kommst also vom Bahnhof?«

Was denn sonst? »Ja, sag ich doch!« Peter überlegte, ob er nicht lieber weitergehen sollte. Der würde ihm ja doch nicht helfen!

Ein anderes Auto fuhr vorbei und hupte den Lieferwagen an, der die rechte Fahrbahn blockierte. Der junge Mann sah sich nervös um. Dann langte er über den Beifahrersitz in Richtung Tür. »Komm, steig schnell ein, ich fahr dich!«

Was? Konnte das möglich sein! Das war ja unglaublich! Schnell fasste er von außen nach dem Griff, öffnete die Tür, stieg ein und schlug sie hinter sich zu. Der Mann guckte sich wieder nach allen Seiten um und gab Gas.

»Sie meinen, Sie wollen mich nach Gelsenkirchen fahren?«

Er wusste immer noch nicht recht, ob er dem Braten trauen konnte. »Wie weit ist das denn von hier?«

»Nicht so weit.« Lachen. »Mit dem Auto geht das schnell.«

»Das ist sehr nett von Ihnen«, sagte Peter. Es fiel ihm gerade noch rechtzeitig ein. »Vielen Dank!«

Wieder das Lachen. Es klang ein bisschen nervös. »Sag mal, du hast da eben so vor dem Bäckerladen gestanden – kann es sein, dass du Hunger hast?«

»Na ja …« Er wollte nicht lügen. Aber sollte er den Mann jetzt auch noch um etwas zu essen bitten?

»Da vorne kommt gleich ein Imbiss. Soll ich da mal halten und uns was holen?«

Uns! Na wenn der sich sowieso schon was zu essen holen wollte, dann machte es ja nicht ganz so viele Umstände! »Hm …«, sagte er.

»In Ordnung!« Der Mann lenkte das Fahrzeug rechts ran auf den Parkstreifen, öffnete die Tür, sprang heraus und fragte durch das offene Fenster: »Würstchen oder Fritten?«

»Och …« Das klang beides so verlockend!

»Ich bin gleich wieder da!«, sagte der andere. »Warte hier!«

Die Gerüche von der Bude drangen ins Wageninnere. Peter lief das Wasser im Mund zusammen. Am liebsten wäre er zu dem Tresen gelaufen, wo der junge Mann jetzt stand und eine Bestellung abgegeben hatte.

Er konnte ihm ja zumindest anbieten, tragen zu helfen! Aber das hätte nur gierig ausgesehen. Die Order hatte schließlich gelautet, er sollte sitzen bleiben! Also blieb er sitzen und wartete ab.

Als der junge Mann zurückkam, hatte er beide Hände voll. Zwei Tüten Fritten und zwei Schälchen mit Bratwürsten, Senf und je einer Plastikgabel. Unter die Achseln hatte er sich zwei Coca-Cola-Flaschen geklemmt.

Boah! Coca-Cola erlaubten ihm seine Eltern nie! Das wär nichts für Kinder, sagten sie, davon würde man ganz hibbelig. Dabei schmeckte sie großartig!

Der Mann reichte ihm Fritten, Würstchen und Cola durchs Fenster an, bevor er um den Wagen herumging, sein Essen durch das andere Fenster auf die Ablage legte, die Tür öffnete und wieder einstieg.

»Vielen, vielen Dank! Das wäre wirklich nicht nötig gewesen!«

»Ach was! Ich hatte ja selbst Hunger! Schlag zu!«

»Danke! Und guten Appetit!«

Sie aßen schweigend. Anschließend startete der junge Mann wieder den Motor und fuhr los.

Es ging die Landstraße entlang. Eigentlich hatte Peter erwartet, sie müssten über eine Autobahn fahren. Aber wer weiß, was es da für Schleichwege gab. Der andere kannte sich schließlich aus. Er nicht.

An einem Waldstück fuhr das Auto auf einmal langsamer und bog schließlich auf einen Forstweg ein, um im Schatten der Bäume rechts ran zu fahren. Der junge Mann stellte den Motor ab. »Entschuldige, ich muss mal grad für kleine Jungs!« Er guckte ihn auffordernd an. »Kommst du mit? Dann schließ ich ab!«

Er zögerte.

Der andere kam um den Wagen rum, öffnete die Beifahrertür, drängte: »Komm! Sicher ist sicher!«

Schaden konnte es nicht, klar! Peter stieg aus.

Der Mann schlug die Tür zu, dann stapfte er in Richtung Dickicht.

Er lief hinterher. Dachte: Er hat vergessen, den Wagen abzuschließen! Wollte es ihm sagen.

Im gleichen Moment drehte der Mann sich um. Sein Gesicht hatte einen Ausdruck, der ihn an seinen Vater erinnerte, wenn der sehr, sehr wütend war, weil er irgendwas angestellt hatte. Der jetzt gleich den Gürtel herausziehen würde. So – verzerrt!

Der Fußtritt traf ihn, ehe er kapierte, dass der andere das Bein gehoben hatte. Dann fiel der Kerl über ihn her, brüllte: »Zieh dich aus!«

Peter hätte sich überhaupt nicht bewegen können! Der Kerl lag ja auf ihm und riss an seiner Kleidung! Riss so heftig an dem Hemd, dass alle Knöpfe absprangen, die Ärmel einrissen, zerrte es ihm vom Leib, und als er laut um Hilfe schrie, ohrfeigte er ihn, schlug ihm so heftig auf den Mund, dass die Lippe platzte, zumindest fühlte er etwas Feuchtes und schmeckte Blut.

»Halt's Maul!«, schrie der andere. »Halt dein dummes Maul!«

»Hilfe!«, schrie Peter.

Eine Salve von Fausthieben traf sein Gesicht, den Kopf. Der Mann stand auf, trat ihn in die Seite, in den Bauch, den Hintern, an den Kopf, Peter konnte sich nicht schnell genug wegwinden, denken konnte er schon gar nicht mehr.

Der Kerl packte ihn hinten in den Hosenbund, Hose samt Unterhose, und zerrte daran, zog seine Beine hoch, sodass er über den Boden schleifte, kopfüber in der Luft schwebte und durchgeschüttelt wurde. Als der Stoff von Peters Hose mit einem hässlichen Geräusch riss, schlug er mit dem Kopf auf, der Körper plumpste hinterher. Er schrie nicht mehr, krümmte sich am Boden und wimmerte vor Schmerzen.

Der Mann kniete über ihm. Er hatte aus seiner Hosentasche eine Schnur gezogen, die er ihm blitzschnell um Hand- und Fußgelenke wand, schneller, als sein halb betäubtes Opfer sich freizappeln konnte, riss so heftig an den Fesseln, dass sie ihm in die Glieder schnitten, scharf wie Messer. Dann packte er das zerrissene Hemd und stopfte es Peter in den Mund, sodass ihm die Luft wegblieb.

Endlich richtete er sich keuchend wieder auf, stand nun breitbeinig über ihm, fingerte an seiner Hose, sagte: »So muss das für kleine Jungs!«, lachte schrill, zog seinen Pimmel raus und pinkelte auf ihn!

Er lenkte den Strahl genüsslich hin und her, sodass der nackte Junge am Boden über und über nass gespritzt wurde, zielte auch in sein Gesicht, etwas Heißes klatschte auf seine Augen, traf die Nase, er bekam ohnehin kaum Luft, der Knebel in seinem Mund wurde warm und schwer, er schmeckte Pisse, würgte.

Mit geschlossenen Augen spürte Peter, wie er mit einem Ruck angehoben und weggetragen wurde. Erst als der andere stoppte und er das Geräusch einer Schiebetür hörte, wusste er, dass sie zurück an dem Auto waren. Er wurde auf die Ladefläche geworfen, kam hart auf, hinter ihm knallte die Tür wieder zu, und es wurde dunkel um ihn.

Er wurde hin und her geschleudert. Der Wagen rumpelte, legte sich in Kurven, stoppte, fuhr wieder an. Er war den Fliehkräften vollkommen ausgeliefert. Hatte Schmerzen. Angst. Fror. Gab seinem Harndrang irgendwann nach. Weinte lautlos. Dachte an seine Eltern, seine Omi, seine Freunde. Dachte an die »Busfahrt, groß wie die Welt«. Dachte, wenn die nicht gewesen wäre, wenn er nur besser aufgepasst hätte!

Als der Wagen schließlich hielt, die Tür geöffnet, er angehoben, die Tür wieder zugeschlagen und er weggetragen wurde, öffnete er die Augen gar nicht mehr, sie waren ohnehin vollkommen verquollen. Er spürte, wie der Raum um ihn kühler und enger wurde. Die Akustik veränderte sich. Draußen war es ein heißer Augusttag gewesen. War das ein Haus? Ein Keller? Eine Höhle? Lähmende Kälte kroch ihm in die steifen verschnürten Glieder.

Hier ist die Welt zu Ende, dachte er.

Er wurde auf etwas Kaltem, Steinigen abgelegt. Hörte schleifende Geräusche, als wenn etwas irgendwo herausgeholt würde.

Mach schnell, dachte Peter. Bitte!

Der Knebel wurde aus seinem Mund entfernt. Er japste. Hielt die Augen geschlossen. Die kalte Luft schmerzte in dem ausgetrockneten Mundraum.

Etwas strich über seinen Bauch. Es brannte. Er brüllte. Das Schreien potenzierte die Pein.

Ein stechender Schmerz in seinen Hoden, so heftig, dass er für einen Moment nicht mehr atmen konnte.

In die Stille klingelte ein Wecker.

»Schitte!«, sagte die Stimme. »Abendbrot!«

Da war die Luft wieder. Für einen kurzen Moment. Peters Kreischen wurde abrupt gestoppt durch den Hammer, der seinen Schädel spaltete.

꩜

KURT

Als ich den Gesellenbrief in der Hand hatte, das war allerdings ein großartiges Gefühl. Aber schon im nächsten Moment hab ich so eine Beklemmung gespürt, weil ich jetzt ja fertig war und da nichts mehr kommen würde. Ich hab gedacht: So! Jetzt wirst du bis an dein Lebensende Fleisch zerlegen und verwursten. Das kam mir auf einmal so unendlich lang vor, was da noch vor mir lag, wie eine riesige Strecke von Fleisch und Blut, durch das ich mich noch würde durcharbeiten müssen. Vielleicht geht das ja jedem so, wenn er mit der Ausbildung fertig ist. Ich glaub, das hatte gar nicht mal direkt mit diesem Beruf zu tun. Ich kann nur sagen, dass mir richtig schlecht war, es hat mich wie eine Panik überfallen, dass ich gedacht habe: Nein, das kann es nicht gewesen sein, ich will das nicht, ich kann diesen Beruf nicht machen! Jedenfalls nicht die nächsten 50 Jahre! Aber ich hab mir natürlich nichts anmerken lassen. Mein Vater war so stolz! Er war extra mitgekommen zur Lossprechung in der Innung. Der hatte Tränen in den Augen. Er arbeitete in der Metzgerei ja nur als Angelernter, und jetzt war sein Sohn ein richtiger fertiger Geselle. Ich glaube, der hatte aus der Sache mit dem Krieg schon so ein Gefühl mitgenommen, dass er zu nichts mehr richtig taugte. Ich meine, er war schließlich gelernter Bergmann, aber hatte das nicht mehr machen können nach '45, weshalb er froh sein konnte, als Angelernter in der Metzgerei untergekommen zu sein.

Auf dem Rückweg hab ich darüber nachgedacht, warum mein Vater eigentlich nicht mehr in die Grube gewollt hatte. Klar wusste ich, dass es mit dem Krieg zusammenhing. Aber wäre es nicht eher zu erwarten gewesen, dass er danach keine toten Tiere mehr hätte sehen können? Warum Metzgerei, aber nicht Zeche? Vielleicht hatte es damit zu tun, dass ich jetzt ausgelernt hatte und erwachsen war, sodass ich den Mut fasste, ihn zu fragen.

Er antwortete nicht gleich. Da er neben mir herging, konnte ich nicht sehen, wie er die Frage aufnahm.

»Ich hab zu viele Menschen aus Gruben geholt«, hat er schließlich gesagt.

Ich hab gesagt: »Erzählst du es mir?«

Wieder brauchte er eine Weile. Dann warf er mir ein paar Stichworte hin: »'43 war das. In Hamburg. Im Juli. Der Feuersturm.«

Ich hatte schon mal davon gehört, aber nichts Genaues.

»Die Briten«, sagte mein Vater. »Die haben nacheinander Sprengbomben, Luftminen, Phosphor und Stabbrandbomben über den Hamburger Wohngebieten abgeworfen. Das gab einen Feuerorkan. In den Luftschutzbunkern und Kellern sind mehr als 30.000 Menschen umgekommen: vergast, zerschmettert, gesotten und verbrannt. Als wir die rausgeholt haben – das waren keine Menschen mehr. Das waren zusammengebackene Klumpen. Schwarze zusammengeschrumpfte Körper.

Wie Püppchen. Ganz leicht. Ich hab nicht gezählt, aus wie vielen Bunkern wir wie viele Leichen geholt haben. Viel zu viele! Immer wieder da rein – diese schwarzen Gebilde!«

Mir fiel ein anderes Gespräch ein, eines, in dem ich mich über seine Marotte mit dem Keller lustig gemacht hatte. Ich hatte ihn gefragt, ob er meinte, dass da unten der Schwarze Mann auf uns lauere. In Wirklichkeit waren es Berge von Schwarzen Männern, die ihm Angst gemacht hatten!

Er packte meine Hand. »Ich kann es nicht abstellen, Kurt. Wenn ich eine Grube, eine Höhle, einen Bunker sehe, dann sehe ich Leichen. Und auch wenn ich weiß, dass das nicht sein kann, und auch wenn du schon groß bist: Versprich mir, dass du und Hilde – dass ihr nie in so was reingeht.«

»Ist ja gut«, sagte ich. Wie konnte ich versprechen, dass ich nie in meinem Leben einen Kellerraum betreten würde?

Zum Glück hakte er nicht nach.

Als er zu Hause vor mir die Treppe raufging, fiel mir zum ersten Mal auf, wie schmal er war. Oder lag es daran, dass ich in den letzten Jahren in der Metzgerei so kräftig geworden war?

Ich erinnerte mich, dass Heinz Beckmann, der mittlerweile in der Kneipe seines Vaters arbeitete, erzählt hatte, dass die Jungen in seinem Volksschul-Abschlussjahrgang sich als Mutprobe 100 Meter weit in einen alten Luftschutzbunker in der Heegerstraße in Bonsfeld reintrauen mussten. Als inoffizielle Reifeprüfung. Ein paar hätten es tatsächlich nicht fertiggebracht. Ich wusste nicht, ob ich da nicht auch gekniffen hätte. Um meinen Vater nicht zu hintergehen, meine ich. Auch wenn er es gar nicht mitgekriegt hätte.

Zum Glück hatte meine Abschlussklasse so einen Quatsch nicht eingefordert. Die hatten sich einfach nur die Hucke voll gesoffen am Tag vor der Zeugnisübergabe. Einige hatten am nächsten Tag in der Aula einen ziemlich glasigen Blick.

An dem Abend meiner Lossprechung habe ich meine kleine Schwester ins Kino eingeladen, in »Frühstück bei Tiffany«. Es ging um ein oberflächliches New Yorker Partygirl, das einen reichen Mann heiraten wollte. In Wirklichkeit hatte es eine schwierige Kindheit und Ehe hinter sich, war arm, unglücklich und fühlte sich unfrei. Immerhin gab es ein Happy End mit einem Nachbarn, der sie als Einziger verstand.

Hilde hatte das Buch gelesen. Sie war jetzt 16, sehr schmal und eine richtig Hübsche, ein Mädchen, mit dem man sich sehen lassen konnte. Seit sie die Ausbildung als Arzthelferin in einer Kinderarztpraxis angefangen hatte, trug sie eine Hochsteckfrisur, die an die Hepburn erinnerte. Nach der Vorführung fragte ich sie, ob sie noch mit mir anstoßen wollte.

»Klar«, sagte sie. Als wir die Kneipe neben dem Kino betraten, legte ich einen Arm um ihre Schulter, als wären wir ein Paar. Wir fanden einen leeren Tisch, und ich orderte zwei Bier.

»Auf dich!«, sagte Hilde, wir stießen an und sie zitierte Holly Golightly. »Darauf, dass du endlich dem Käfig entflohen bist!«

»Ist der jetzt nicht gerade zugeschnappt?«, fragte ich zurück. »Den Rest des Lebens wird malocht!«

»Ach komm, dafür verdienst du jetzt richtig Geld!«

»Kannst du dir vorstellen, den Rest deines Lebens in einer Praxis zu arbeiten?«, fragte ich zurück.

Sie lachte. »Frag meinen zukünftigen Mann, ob der mir das erlaubt. Wir Frauen sitzen doch im Käfig, sobald wir heiraten.«

»Hey, ihr seid *versorgt*!«

»Will ich das? Versorgt sein?«

»Aber willst du keine Kinder?«

Sie lachte. »Erst der Mann! Reich muss der nicht sein. Er muss mich nicht versorgen. Ich hab doch einen Beruf. Aber er muss sich kümmern, wenn wir Kinder haben wollen.«

»Und?«

»Ja, klar will ich Kinder! Mindestens zwei. Und du?«

»Erst die Frau!«

Wieder lachte sie. »Und?«

»Na, da sollte ich sie wohl erst mal fragen.«

»100 Punkte, Kurt! Dich würde ich schon mal heiraten. Aber Kinder sollten wir beide besser nicht miteinander kriegen.«

»Wir könnten ja welche adoptieren«, schlug ich vor.

»Ich fürchte, das scheitert schon an unserer Heirat. Geschwister, Eltern und Kinder, Bigamisten, Hinterkeiler – stell dir das vor!«

»Hinter – was?«

Sie stutzte. »Homosexuelle! Ich dachte, Walter hätte dich damals aufgeklärt. Wie hat der das denn genannt?«

»Äh, ich glaube, der hat was vom anderen Ufer gesagt.« Ich grinste. »Warum sollte es das alles eigentlich nicht geben? Manche Menschen sind doch sogar mit ihrer Arbeit verheiratet!«

Sie beugte sich vor. »Wusstest du übrigens, dass der Schriftsteller in der Romanvorlage von ›Frühstück bei Tiffany‹ homosexuell ist? Das hätten die in einem Film nicht zeigen dürfen. Also haben die schnell einen Liebesfilm draus gemacht.«

»Müsste das Buch dann nicht auch verboten sein?«, meinte ich. »Was liest du denn bloß für einen Schweinkram!«

Sie kicherte. »Erinnerst du dich, wie Papa uns den Paragrafen 175 erklärt hat? Die Geschichte mit dem Stiefvater von eurem Chef?«

»Weißt du, dass ich manchmal darüber nachdenke, ob Gerhard Bartsch so was wie Sexualität überhaupt kennt?«, gab ich zurück. »Der und seine Frau machen immer den Eindruck, als wüssten sie nicht, wie küssen geht. Geschweige denn fietzeln. Vielleicht haben sie ja deshalb ein Kind adoptiert. Weil sie einfach keine Ahnung hatten, wie man eins selber macht!«

Hilde kicherte. »Wahrscheinlich ist er deswegen so verkniffen! Oder er ist heimlich selber schwul, nachdem er das in seiner Kindheit kennengelernt hat.«

»Kann man das lernen? Ich dachte, das wäre angeboren!«

»Wer weiß! Mit wem auch immer – vielleicht würde es den Alten ja fröhlicher stimmen. Der kennt nichts Schlimmeres, als dass sich jemand ein Vergnügen gönnt. Der Junior tut mir manchmal leid. Obwohl er wirklich ein Arsch ist. Der Alte tut alles, um ihm das Leben schwer zu machen.«

Jürgen Bartsch war seit einem Monat bei uns im Betrieb. Mit Sicherheit hatte er nach der Schule das gleiche Problem wie ich gehabt: keine Ahnung, was er machen wollte. Nur dass sich bei ihm die Frage nicht stellte. Er würde den Laden übernehmen! Dazu hatten die den doch adoptiert! Dabei – wenn man sich den Kerl anguckte – ein Metzger war der nie und nimmer! Und würde das auch nie werden. Der war immer noch dieselbe Memme und der Pinkel wie früher. Konnte nicht richtig zupacken, kriegte weiche Knie, wenn er Kälber schlachten sollte, machte immer sein eigenes Ding, statt sich mit anderen zusammenzutun. In Wirklichkeit wollte der sich wahrscheinlich nie anmerken lassen, wie unsicher er eigentlich war.

Angefangen hatte der die Ausbildung ja in einer anderen Metzgerei. Bei dem van Leen in Altenessen. Da hatte er ganz normale Arbeitszeiten, wie das im Vertrag steht, von sechs Uhr morgens bis zum frühen Nachmittag. Das übliche Lehrgeld – fünf Mark die Woche – hat er brav zu Hause abgegeben. Da war ich schon besser dran. Ich durfte eine Mark behalten. Da war dann auch mal Kino drin.

Dem Bartsch genügte das nicht. Von wegen Lehrjahre sind keine Herrenjahre! Der Jürgen sollte gefälligst richtig leiden. Damit er kapierte, dass das Leben kein Zuckerschlecken war. Schon gar nicht als Chef. Wenn die Bartschs sich im Laden unterhalten haben, hat der Alte dauernd gelästert, dass der van Leen nicht streng genug mit dem Prinzchen ist. Zumal der Jürgen anfing, seine Grenzen auszutesten. Heimlich abends in den Spätfilm – und sich ausgerechnet von der Meisterin erwischen lassen! Die van Leens waren natürlich da hinterher, dass ihr Lehrling früh im Bett war, damit er morgens pünktlich antanzte. Da wurde er zum Gespräch einbestellt – und ist einfach abgehauen! Was für eine Bangbüx! Hat sich im Wald versteckt! Die Krönung: Seine Mutter hat ihn schließlich an die Hand genommen, ist mit ihm zu den van Leens, es gab eine Aussprache, und er konnte am nächsten Tag wieder antreten. Wie in der Schule: an der Hand der Mutter angetrottelt kommen! Das glaubt man gar nicht!

Dann passierte eine Panne – so typisch für den Jürgen: Einer der Gesellen hatte beim Reinigen einen Eimer kochendes Wasser über den Boden gekippt, und wer stand mitten im Weg und kriegte die volle Ladung in die Gummistiefel? Der Bartsch! Drei Wochen konnte der erst mal im Bett bleiben. Da haben die sich alle so richtig gefreut. Als er wieder zur Arbeit durfte, hat sein Vater gesagt: Es reicht. Der lungert eh den halben Tag nur rum und kommt auf dumme Gedanken. Da hat der Vater den Vertrag gekündigt, und der Jürgen musste im Familienbetrieb weitermachen. Es hörte sich nicht so an, als hätte der van Leen das witzig gefunden, dass sein Lehrjunge weg war. Der Jürgen fand das schon gar nicht witzig, weil er jetzt 60 Stunden die Woche malochen durfte. Na, und für uns Kollegen war das auch kein Zuckerschlecken, dass wir jetzt das Prinzchen durchziehen mussten.

Aber so war er halt, der alte Bartsch. Immer allen das Leben schwer machen!

Ich durfte seinen Sohn dann erst mal einarbeiten. Ihm zeigen, wo alles stand und wie man die Geräte bedienen musste. Als wir so nebeneinander arbeiteten, habe ich ihn gefragt, ob das auf seinem Mist gewachsen wäre, in den Betrieb seines Vaters zu wechseln.

»Er ist mein Adoptivvater«, hat er gesagt. Nur das. Die Frage hat er mir nicht beantwortet. Irgendwie hörte es sich an, als wäre es eben nicht sein Wunsch gewesen. Von dem van Leen hab ich später die ganze Geschichte gehört.

Ich muss sagen, ich habe manchmal wirklich so etwas wie Mitleid mit dem Jürgen gehabt. Ich bin mir sicher, dass mein Vater mir die Wahl gelassen hätte, zu entscheiden, wo ich welche Ausbildung mache. Bei den Bartschs lief das anders. Wenn man näher dran war, merkte man ja schon, wie schwierig das bei denen war. Im Grunde hatte da jeder einen Knall. Wer sollte entscheiden, von wem das alles ausging? Ich meine, konnte man die Eltern verantwortlich machen? Eltern sind doch alle mehr oder weniger streng oder haben ihre Macken. Auf der anderen Seite haben sie ihrem Sohn auch allerhand geboten, was andere Kinder nicht hatten. Nur Umgang mit Gleichaltrigen nicht. Weswegen er es mit Sicherheit schwer hatte, bei einem Mädchen zu landen. Nun, als Unternehmersöhnchen hatte er ja andere Dinge zu bieten, womit er Eindruck schinden konnte. Schwamm drüber. Mit 15 sollte einer schon wissen, was er tut.

UWE

Er liebte die Kirmes! Die Musik, die Lichter, die Gerüche von gebrannten Mandeln, Zuckerwatte, Bratwurst und Fischbrötchen. Zwei Tage war er um den Aufbau herumgeschlichen, ehe er sich endlich getraut hatte zu fragen, ob sie jemand bräuchten.

»Wie alt bist du denn?«

Der abschätzige Blick des Kettenkarussellbesitzers machte Uwes Hoffnung zunichte, ehe seine Frage überhaupt beantwortet war. Er war klein für sein Alter. Mit elf Jahren war er ohnehin zu jung, um eingestellt zu werden. Die hier brauchten Leute, die anpacken konnten, kräftig waren und geschickt. Mindestens 14. Selbst für den Fahrbetrieb war er zu nichts nütze. Schließlich mussten die nicht einfach nur Karten abreißen, sondern auch eingreifen können, zur Not jemanden rausschmeißen, der seinen Platz nicht freiwillig räumte oder Blödsinn machte. Er hatte das schon öfter beobachtet.

Leute wie Gustav! Uwe seufzte. Gustav war in der Nachbarschaft der Junge mit den schnellsten Fäusten. Der war aber auch dreimal die Woche im Boxkeller. Klar, dass es keinen gab, der auf der Straße mit ihm mithalten konnte. Der hatte sogar schon Mädchen, die ihm nachliefen! Dabei war er bestimmt auch noch keine 14.

Höchstens 13. So ganz genau wusste Uwe es nicht. Es ärgerte ihn, dass Gustav von Mädchen sowieso nichts wissen wollte. Perlen vor die Säue! Der war immer nur mit seinen Jungs vom Boxen unterwegs.

Er selbst hatte mit denen ja eigentlich gar nichts zu tun. Machte eher einen Bogen um Gustav. Den kannte er noch von der Schule. Aber auch damals schon war er ihm lieber aus dem Weg gegangen. Er wusste nur noch, dass der frühzeitig von der Schule abgegangen war. Es hieß, er wäre rausgeflogen. Aber das traute sich keiner laut zu sagen.

Immerhin hatte Uwe sich mal erkundigt, wie das mit dem Boxtraining war. Nur so.

Das leitete einer, der mal bei dem Max Schmeling gelernt und mit dem Bubi Scholz trainiert hatte. Carlo nannte der sich. In Wirklichkeit hieß er mit Sicherheit Karl oder so. Aber die machten ja immer so ein Getue, diese Leute. Jedenfalls hieß es, da käme nur rein, wer den Aufnahmetest bei Carlo bestehe. Was diesen Test anging, kursierten die wildesten Gerüchte. Offensichtlich musste man nicht nur schnell und stark sein. Man musste Carlo gefallen. Na, und was das genau hieß, das wollte keiner so richtig sagen.

Uwe war weder stark noch schnell, und mit Sicherheit würde er Carlo nicht gefallen. Er kannte den Boxer nur vom Vorbeigehen. Das war so ein Pomadisierter, einer, der immer braun gebrannt war. Vermutlich schmierte er sich irgendwelche Wichse ins Gesicht. Wo sollte das sonst herkommen? Die Jungen, die ihm gefielen, umgaben den immer wie ein Schwarm. Das waren sehnige, muskulöse Typen. Die beim Gehen so federten. Auch auf der Kirmes waren die immer im Pulk unterwegs. Der Carlo schmiss dann die Runden.

Manchmal, wenn er seinen Arm um die legte – man konnte daran erkennen, wer gerade sein Favorit war. Im Moment war es Gustav. Das wirkte irgendwie – wie so ein Liebespaar.

Nein, so gerne Uwe boxen gelernt hätte. Es war schon nicht schlecht, wenn man sich wehren konnte. Aber nicht mit Carlo!

Auf der anderen Seite – die hatten es alle nicht mehr nötig, sich auf der Kirmes zu verdingen. Die wurden ausgehalten!

Konnte man mit Boxen eigentlich so viel Geld verdienen? Uwe beobachtete, wie Carlo Gustav eine Kamera in die Hand drückte und ihm zeigte, wie man sie bediente. Dann stellten sich alle nebeneinander auf, Arme auf Schultern, Carlo in der Mitte. Sie posierten vor dem Autoscooter. Gustav war immer weiter rückwärtsgegangen, um alle ins Bild zu kriegen, sodass er nun fast mit Uwe zusammenstieß, der immer noch vor dem Kettenkarussell stand. Uwe schnupperte. War das ein Herrenparfüm?

Die Boxer winkten und lachten, Gustav ließ die Kamera über die Gruppe wandern und drehte sich dann einmal langsam um die eigene Achse. Panoramaaufnahme von der Kirmes. Uwe duckte sich weg.

Die Gruppe bummelte weiter zum »Hau-den-Lukas«. Während einer nach dem anderen sich da zu beweisen versuchte – gefilmt von den anderen –, schlenderte Uwe zum Autoscooter. Er lehnte sich an das Schalterhäuschen, ein Bein angezogen und lässig gegen die

Bretterwand gestützt, Arme verschränkt. Als gehörte er zum Aufsichtspersonal.

Er musterte kritisch die Menschen, die für die Märkchen anstanden. Gut, die konnten sich das leisten. Aber er konnte sie dafür so angucken, als wüsste er mehr als sie. So zwischen gelangweilt und von oben herab. Gelegentlich auch lächelnd. Ja, wer lächelte, stand über den Dingen. Auch ein guter Trick. Wenn er schon nicht boxen und Scooter fahren konnte, so wenigstens das: drüberstehen. Und das fühlte sich dann tatsächlich ein bisschen so an. Als die Musik stoppte und die Besatzungen wechselten, kam tatsächlich ein Junge auf ihn zu und hielt ihm seinen Chip hin. Er nahm ihn nicht an, winkte nur lässig in Richtung eines Scooters, der gerade frei geworden war. Der Knirps lief da hin, stieg ein, der Wagenjunge kam vorbei und sammelte von den Insassen die Marken ein.

Uwe ärgerte sich über seine Großzügigkeit. Warum hatte er die Marke nicht einfach angenommen und war im Kirmesgewühl untergetaucht? Wenn er eine Weile später wiedergekommen wäre, wäre der Junge längst weg gewesen, und er hätte eine Runde fahren können. Wieso war der überhaupt alleine unterwegs? Hatte der keine Eltern oder Brüder dabei? Aber Geld zum Scooterfahren! Der war mit Sicherheit jünger als er, Uwe. Er hätte ihn so leicht übers Ohr hauen können. Oder sonstwas mit dem anstellen. Vor zwei Wochen war ein Junge aus Gelsenkirchen verschwunden – in seinem Alter. Die Nachrichten waren voll davon gewesen. Da war auch die Rede davon gewesen, dass vor drei Jahren schon mal ein Junge nicht mehr nach Hause gekommen war. Der war zuletzt auf einer Kirmes gesehen worden. Aber nicht hier in Velbert. In Essen.

Wieder hielt ihm jemand einen Chip hin. Der war schon groß. Ein Erwachsener. Der würde sich nicht so leicht übers Ohr hauen lassen. Uwe deutete lässig auf einen freien Scooter in der Nähe. Der Mann kam einen Schritt näher, hielt ihm immer noch die Plastikmarke hin. »Willst du?«, fragte er.

Im gleichen Moment tauchten die Boxer wieder auf. Gustav mit der Filmkamera in der Hand. Na, dem würde er es zeigen!

»Echt? Ich darf mit?« Er strahlte den jungen Mann an.

»Los, komm!«, sagte der.

Uwe schwebte auf Wolke sieben. Wenn man das Gasgeben, Ruckeln und Rumsen Schweben nennen konnte. Dieser Filmtitel passte wohl besser – wie hieß er noch? »Die tollkühnen Männer in ihren fliegenden Kisten«! Wenn der Mann neben ihm Gas gab, heulte Uwe begeistert auf, schrie: »Rammen! Rammen!«, und jubelte, wenn es sie herumschleuderte.

Sein Fahrer warf ihm belustigte Blicke zu.

»Macht Spaß, was?«, rief er ihm über das Geschrei, die Musik und das Hupen zu.

»Jaaaaa!« Uwe strahlte.

»Na komm, dann machen wir das doch gleich noch mal«, sagte der junge Mann.

»Oh, großartig! Danke!« Uwe wäre ihm am liebsten um den Hals gefallen. *Einfach so!* Der hatte ihn einfach so eingeladen! Das war hundertmal besser, als sich von so einem ekligen Wichsen-Carlo aushalten zu lassen, der den Arm um einen legte!

»Was hältst du von einer Runde ›Allround‹?«, fragte der Mann, als der zweite Durchlauf beendet war.

Das wurde ja immer besser! Fast ärgerte Uwe sich, dass Gustav und die anderen immer noch am Scooter rumlungerten.

Sie erwischten eine rote Gondel, der Mann nahm den Außenplatz ein, Uwe den linken. Als das Gerät sich in Bewegung setzte, die Gondel in der Kreisbahn auf und ab geschleudert wurde, gelang es ihm nicht, sich den Fliehkräften zu widersetzen und an der Stange festzuhalten. Er wurde eng an seinen Sitznachbarn gepresst. Der lachte und legte den Arm um ihn. In so einer Schleuder ging das ja gar nicht anders. Als das Ding anhielt, rutschte er gleich wieder weg.

Sie drehten auch auf dem »Allround« noch eine zweite Runde. Danach ging es zur Geisterbahn. Die machten sie nur einmal, klar, nach dem ersten Mal wusste man ja, was kam.

Neben der Geisterbude war der Bratwurststand. Der Mann holte sich eine Wurst mit Senf, ließ sie klein schneiden und zwei Plastikgabeln reinstecken. Außerdem eine Riesentüte Fritten. Er legte beides auf dem Stehtisch neben dem Stand ab, griff nach der einen Gabel, pickte ein Stück Wurst auf, das er in Senf tunkte. »Bedien dich!«, sagte er.

»Sie sind so nett zu mir«, sagte Uwe kauend. »Warum?«

Der Mann lachte. »Es ist noch nicht so lange her, da hab ich selbst wie du danebengestanden. Jetzt verdiene ich gutes Geld. Aber da muss ich immer dran denken, wenn ich einen Jungen wie dich sehe.«

»Das ist wirklich sehr, sehr nett. Danke!«

Durfte er fragen? Er tat es: »Was haben Sie denn für einen Beruf?«

»Detektiv.«

»Boah! In echt?«

Der andere lächelte. Es erinnerte Uwe an sein eigenes Lächeln, wenn er sich über andere stellen wollte. Aber in dem Fall war es ja auch so. Ein Detektiv! Wie aufregend!

»Kann man das lernen?«, fragte er.

»Willst du?«

»Ich bin erst in der sechs.«

»Na, du könntest mir ja mal zur Hand gehen, wenn du magst.«

»Ehrlich?«

»Ich bezahl dich auch dafür.«

»Waas?«

»Ich hätte gleich heute einen Auftrag für dich. Du kriegst 20 Mark, wenn du für mich wo was abgibst. Ich muss ja verdeckt ermitteln, da darf ich mich nicht überall blicken lassen.«

»20 Mark?« Uwe schüttelte den Kopf. »Nein, das kann ich nicht annehmen! Sie haben schon so viel für mich bezahlt!«

»Darüber können wir nachher noch reden«, sagte der Mann. »Na komm, dann lass uns gleich mal aufbrechen. Du musst ja bestimmt irgendwann auch wieder zu Hause sein.«

»Um sieben.«

»Alles gut. Das schaffen wir. Komm!«

Sie verließen den Kirmesplatz. Ein paar Straßen weiter hatte der Mann sein Auto geparkt, einen VW-Lieferwagen. »Metzgerei«, las Uwe.

»Alles Tarnung!«, lachte der junge Mann. Er hielt Uwe die Beifahrertür auf.

Man saß ein wenig erhöht in so einem Lieferwagen, das fühlte sich irgendwie wichtig an. Und dann mit einem richtigen Detektiv!

Sie fuhren aus der Innenstadt raus, durchquerten Vororte und kamen schließlich auf eine Landstraße. Uwe kannte sich nicht aus, achtete aber auch nicht auf die Strecke. Genoss es.

Als der Mann auf einen Feldweg einbog, sah er sich um. Weit und breit kein Haus. »Wo soll ich denn hier was abgeben?«, fragte er ungläubig.

Der Mann langte zu ihm rüber und packte den Ausschnitt seines Hemds. »Zieh dich aus!« sagte er. Seine Stimme klang mit einem Mal überhaupt nicht mehr nett.

»Was?«, fragte Uwe ungläubig.

Da riss der andere die Hand runter, dass es den Jungen nach vorn schleuderte. Das Hemd knirschte, sein Kopf schlug auf die Ablage auf. »Zieh dich aus!«, schrie der Mann. Er begann auf ihn einzuschlagen.

»Was wollen Sie von mir?«, rief der Junge. »Was habe ich Ihnen getan?« Er versuchte, seinen Kopf zu schützen, indem er den linken Arm davorhielt. Mit der rechten Hand suchte er den Türgriff zu fassen, ihn runterzudrücken. Aber das ging nicht. Irgendwas hatte der mit dem Griff gemacht! Ein Würgen überkam ihn. Von links prügelte der Mann auf ihn ein, riss an seinen Kleidern, brüllte: »Zieh dich aus, du Arschloch! Runter mit den

Sachen!« Rechts war das freie Feld, aber keine Möglichkeit, zu entkommen.

Uwe wimmerte. »Ich hab's geahnt! Ich hab's ja geahnt!« Und hätte sich selbst prügeln können, dass er überhaupt nichts geahnt hatte! Obwohl er noch an die Kinder gedacht hatte, die verschwundenen, und trotzdem mitgegangen war! Mit einem Wildfremden, der ihm irgendwelche Geschichten aufgetischt hatte! In ein Auto gestiegen, auf dem »Metzgerei« stand!

Der Kerl drosch derart auf ihn ein, dass er vom Sitz rutschte und sich in dem Fußraum zusammenkringelte. Der prügelte immer weiter! Riss ihm die Kleidung vom Leib – bis auf die Unterwäsche! Als er nackt, wimmernd und zusammengekauert im Fußraum lag, Gesicht zum Boden, Arme schützend über dem Hinterkopf, ließ der andere für einen Moment ab, klappte das Handschuhfach direkt über seinem Kopf auf, entnahm ihm etwas, schloss es wieder. So hörte es sich zumindest an. Als Uwe den Kopf hob, um zu sehen, was es war, sauste der Hammer mitten in sein Gesicht. Etwas knackte, ein entsetzlicher Schmerz breitete sich um die Nasenwurzel aus, Blut schoss ihm aus der Nase, er kreischte, riss den Kopf herunter, die Arme wieder hoch, war aber nicht mehr in der Lage, den wuchtigen Hammerschlägen, die auf ihn einprasselten, auszuweichen oder sich davor zu schützen, spürte, wie ein ums andere Mal etwas knackte, aufplatzte, Blut strömte, seine Kraft ließ nach, er zuckte, aber sein Bewusstsein trübte sich, bis ihm die Sinne gänzlich schwanden.

Er schwamm in einem Meer von Schmerzen, die da zusammenschwappten, wo seine Schaltstelle, wo sein

Bewusstsein sein musste. Er konnte sich weder bewegen noch einen Gedanken fassen. Wer war er? Wo war er? Was war das für eine Dunkelheit? Alles schwankte, drehte sich, Flüssigkeit und Kälte umgaben ihn. Unter Aufbietung aller Kräfte stemmte er sich schließlich vom Boden hoch und hob den Kopf wieder an. Der Schmerz! Was ein Atmen sein sollte, brach als rasselndes Stöhnen aus seinem Mund, seiner Nase, er gurgelte Blut.

Jemand schrie so laut, dass sein Bewusstsein daran zerschellte. Brutale Hammerschläge legten die Ruine, die einmal sein Schädel gewesen sein musste, endgültig in Trümmer.

❦

MARTIN

Eben noch hatte er danach getastet, und es war da gewesen. Ein kleiner Knubbel in der Gesäßtasche. Dann hatte er sich durch das Gedränge an der Schießbude gekämpft – ein schreckliches Schieben, Ziehen und Rempeln – und als er endlich vor der Losbude stand, sich in die Schlange eingereiht hatte und nach dem Portemonnaie tastete, weil er es gleich würde zücken müssen, da war es weg. Einfach weg! Das eine war klar: Von selbst konnte es nicht herausgefallen sein! Ihm war jemand an die Wäsche gegangen! Mitten im Gedränge hatte ihm jemand an den Hintern gefasst, ohne dass er es gemerkt hatte! Der Gedanke ließ ihn schaudern. Tränen schossen ihm in die Augen. Sein Geburtstagsgeschenk!

Morgen war der Geburtstag seiner Mutter, und er hatte lange gespart. Im letzten Jahr waren sie zusammen auf der Schonnebecker Kirmes gewesen. Seine Mutter hatte ihm zwei Karussellfahrten, gebrannte Mandeln und einmal Dosenwerfen spendiert. Sich selbst hatte sie nichts gekauft, aber auf dem Rückweg war sie an der Losbude stehen geblieben, hatte die Teddybären bewundert und gesagt, so einen wünschte sie sich auch. Das hatte er sich gemerkt.

Seit zwei Tagen war wieder Kirmes. Martin hatte sich gestern extra vergewissert, dass es die Bären immer noch zu gewinnen gab, und morgen hatte er ihr einen schenken wollen. Man musste nur genügend Lose zusammenkriegen, dann konnte man sich aussuchen,was man haben wollte. Das war zu schaffen. Aber jetzt war das Geld weg, und er würde es niemals wiederbekommen!

Wütend trat er vor den Pfosten mit dem Abfallbehälter. Der Boden drumherum war übersät mit aufgerissenen Losen. Lauter Nieten, klar. Kurz überlegte er, ob er sich die Mühe machen sollte, den Müll zu durchwühlen in der Hoffnung, dass irgendein Los versehentlich mit weggeworfen worden wäre. Aber da hätte er schon mindestens zehn gebraucht! Vollkommen unmöglich! Wieder trat er gegen den Pfosten. Und noch mal.

»Was ist dir denn über die Leber gelaufen?« Ein junger Mann, der eben noch neben der Auslage gestanden hatte, kam auf ihn zu.

Shit! Der gehörte wahrscheinlich zu der Bude und würde ihm jetzt die Hölle heißmachen! Er musste ihm eine Erklärung anbieten.

»Mir haben sie eben das Portemonnaie geklaut!«, sagte er trotzig.

»Nein! – Wer?« Der junge Mann sah erschrocken aus. Er guckte sich um.

»Keine Ahnung! Wenn ich das wüsste!«

»Wann und wo ist das denn passiert?«

Der fragte gerade so, als wäre er irgendwie zuständig oder könnte was machen! Martin deutete in die Richtung, aus der er gekommen war. »Eben! Da vorne bei der Schießbude! Da war so ein Gedränge! Und dann war es weg.«

»Verstehe«, sagte der junge Mann. »Da komme ich ja gerade richtig! Wie viel hattest du da drin?«

»Zehn Mark!«

Der Mann pfiff anerkennend durch die Zähne. »Wo hattest du es denn aufbewahrt?«

Martin drehte die Hüfte seitlich, fuhr sich in die Gesäßtasche, zeigte es ihm: »Hier.«

»Ganz blöd! Da kommen die am allerbesten dran.«

»Die? Wer *die*?«

Der Mann beugte sich ein wenig zu Martin rüber und raunte verschwörerisch: »Wir haben ein Riesenproblem mit dieser Bande!«

»Eine Bande?« Das klang wirklich nach einem Problem. Aber auch nach jemandem, der sich des Problems annahm.

»Sind Sie von der Polizei?«, fragte Martin.

»Nicht direkt. Aber ich arbeite mit der Polizei zusammen. Ich bin Detektiv.«

»Wirklich? Sind Sie hier im Einsatz?«

»Ich bin denen auf der Spur.«

»Können Sie mir denn helfen?«

Der Mann seufzte. »Das müssen wir mal sehen.«

»Aber Sie kennen diese Bande? Dann sollten wir doch da hingehen und gucken, ob die mein Portemonnaie haben!«

»Die kriegst du so nicht: Die gehen da ganz systematisch vor. Da sind immer welche, die Kleinsten und Geschicktesten, die ziehen den Menschen das aus der Tasche. Dann geben sie es sofort weiter an jemanden von der Bande, der es dann wieder einem Dritten bringt. Wenn der Taschendieb dann geschnappt wird, hat er nie etwas in der Hand, also kann man ihm auch nichts beweisen. Außerdem sind das Kinder, die kann man sowieso nicht bestrafen. Die werden sofort wieder freigelassen. Deshalb macht das jetzt auch keinen Sinn, da rüberzugehen und nach dem Dieb zu suchen.«

»Also muss man zu dem Dritten!«

Der Detektiv lachte. »Du hast aufgepasst! Aus dir kann auch mal ein guter Ermittler werden!«

»Kennen Sie den denn?«

»Den Ermittler?« Er lachte. »Du meinst den Dritten!«

»Ja. Klar.«

»Teilweise. Die wechseln die ja immer wieder aus. Aber die haben ihre Stammplätze. Außerhalb von der Kirmes. Da steht dann meist ein Auto, worin sie die Beute verstecken, um sie schnell wegfahren zu können.«

»Dann sollten wir da aber doch schnell hin!«

»Na, wir wissen nicht genau, zu welchem Posten die dein Portemonnaie jetzt gebracht haben. Es gibt ja mehrere. Und sobald wir den einen fragen, werden die anderen gewarnt und bringen die Beute schnell weg.«

Martin war enttäuscht. »Dann geht es ja gar nicht!«

Der Mann lachte. »Wir haben einen Trumpf. Da sind wir denen eine Nase voraus!«

»Welchen?«

»Pass auf, magst du etwas trinken? Ich spendiere es dir. Dann erkläre ich dir, was wir machen können!«

Natürlich ging er mit! Sie suchten die nächste Trinkbude auf. Martin durfte wählen und entschied sich für eine Fanta. Der Detektiv trank eine Cola.

»Also, was können wir jetzt machen?«

»Zuallererst müssen wir abwarten. Es ist nämlich so: Ich kenne das Versteck, wo die die Sachen hinbringen. Ich hab die neulich unauffällig verfolgt.«

»Echt? – Und warum haben Sie dann nicht die Polizei gerufen?«

»Weil man es ja erst beweisen muss. Ich hab sie bis zu dem Versteck verfolgt. Dann musste ich warten, bis sie wieder draußen waren. Ich bin rein und hab die Beute gefunden. Allerdings hab ich die dann natürlich nicht mehr auf frischer Tat ertappt. Das hätte ja auch jemand anders da hingelegt haben können. Zweitens brauchte ich noch die Bestätigung, dass es sich tatsächlich um Diebesgut handelte. Ich habe es also erst mal nicht angerührt.«

Martins Fanta war leer, und er wurde allmählich ungeduldig. »Ja, und worauf warten wir jetzt?«

»Ganz einfach: Die bringen ihre Beute immer so gegen vier Uhr weg. Das haben wir ja bald. Wir sind eine halbe Stunde später an dem Versteck. Wenn wir sicher sein können, dass sie weg sind. Du gehst dann mit mir da rein. Wenn du bezeugen kannst, dass dein Portemonnaie dabei ist, dann können wir zur Polizei gehen.«

»Ja, aber wie schnappen die die die denn dann?«

»Die brauchen denen doch nur noch aufzulauern, bis die wiederkommen.«

Das klang nach einem ziemlich guten Plan, fand Martin. Er schöpfte Hoffnung.

»Wann fahren wir los?«

Der junge Mann guckte auf die Normaluhr auf der Mitte des Platzes. »Wir sollten uns mal auf den Weg machen.«

Am Ausgang Saatbruchstraße winkte er ein Taxi herbei.

»Sie haben kein eigenes Auto?«, fragte Martin. Ein Detektiv brauchte doch ein Auto für die Verfolgungsfahrten! Dafür konnte der sich doch nicht ein Taxi rufen!

»Wenn ich verdeckt ermittle, sollte ich nicht mein eigenes Auto fahren, oder? Das würden die ja dann direkt erkennen«, sagte der Detektiv.

Auch wieder logisch.

Das Taxi hielt, der Fahrer kurbelte das Fenster herunter, nickte dem jungen Mann zu und sagte: »Ah, ein alter Bekannter! Wo soll es diesmal hingehen? Wieder in die Hegerstraße?«

Dem Detektiv schien das ziemlich peinlich zu sein.

Klar, wenn einen jeder kannte und wusste, wohin man wollte, war das natürlich mit dem verdeckten Ermitteln schwierig.

Die Fahrt dauerte länger, als er erwartet hatte, mit Sicherheit mehr als eine halbe Stunde. Der Fahrer und der Detektiv schwiegen. Martin saß auf der Rückbank und begann sich zu sorgen, ob er auch wieder pünktlich nach Hause käme. Das Zifferblatt auf dem Armaturenbrett zeigte 16:30 Uhr an. Also noch halbwegs im Plan.

An einer fast dörflichen Straße – links bewaldet und felsig, rechts kleine Häuser – fuhr der Fahrer rechts ran. Der Detektiv zahlte, das Taxi wendete und brauste in der anderen Richtung zurück.

»Und wo ist das hier?« Martin sah sich um.

»Ein paar Meter sind es noch«, lautete die Antwort. Sie gingen ein paar Häuser weiter, überquerten schließlich die Straße und schlugen sich ins Gebüsch. Halb verdeckt durch den Bewuchs und durch Markierungen unzureichend gesperrt, konnte man einen Eingang in den Fels erkennen.

»Eine Höhle?« Wie aufregend!

»Ein alter Luftschutzbunker«, sagte der Mann.

»Schiss?«

Es war etwas in seiner Stimme, das Martin plötzlich das Gefühl gab, dass der Mann möglicherweise selbst Schiss hatte. Zumindest wirkte er auf einmal irgendwie aufgeregt oder zumindest angespannt.

»Sie sind sicher, dass die Gangster da nicht mehr drin sind?«, fragte er.

»Aber ja«, gab der andere barsch zurück, als wäre er beleidigt. Wieso atmete er dann auf einmal so hektisch?

Als sie die Höhle betraten, zog der Detektiv eine Kerze und Streichhölzer aus der Hosentasche und zündete sie an. Das flackernde Licht mit einer Hand schützend ging er neben Martin her. Der blieb nach ein paar Schritten ins Dunkle stehen. »Boah, das stinkt ja!«

»Das kommt von den toten Tieren, die sich hier rein verirrt haben. Das ist ja nicht belüftet da drin«, beruhigte der andere ihn.

Sie gingen schweigend weiter. Es wurde stockdunkel und kühl. Der Weg und die Höhlenwände waren uneben, weshalb sie sich vorsichtig bewegen mussten.

»Wie weit geht das noch?«, fragte Martin schließlich.

»Wir sind jetzt da«, sagte der Mann. Er leuchtete eine Felsnische aus, in der sich mehrere Kerzen befanden, die er in einem Halbkreis aufstellte und anzündete. Es wirkte ein bisschen wie ein Altar.

»Müssen wir nicht aufpassen, dass die nachher nicht merken, dass wir da waren?«, fragte Martin.

Der Detektiv lachte. Es klang irgendwie komisch. Irgendwie falsch. Schlagartig durchzuckte Martin der Gedanke, dass etwas nicht stimmte. Dass das alles nicht stimmen konnte, was der andere ihm erzählt hatte. Dass es von vorn bis hinten erstunken und erlogen war. Dass es nur darum gegangen war, ihn hierher zu locken.

Zeitgleich stürzten mehrere Eindrücke auf ihn ein: Er roch Verwesung, sah die Altarkerzen vor sich, fühlte die alles durchdringende Kälte und hörte, wie der Mensch, der ihn hierher gebracht hatte, noch einen Gegenstand aus der Nische zog und aufklappte. Dann sah er es. Auf einem Tuch, in das die Gegenstände vorher eingewickelt gewesen sein mussten: Das waren keine Beutestücke von Taschendieben. Es waren Werkzeuge und andere Gegenstände: Schnüre, Messer, Rasierklingen, ein Hammer. Folterinstrumente!

Martins Blick wanderte in die Richtung, aus der sie gekommen waren. Wenn er dorthin gelangen wollte, musste er an dem vor ihm am Boden Hockenden vorbei. Blitzartig setzte er zum Sprint an, doch im selben Moment richtete der andere sich auf. Er prallte gegen ihn und fiel auf den Boden, hörte wieder das hässliche Lachen, dann spürte er den ersten Tritt. Auftakt zu weiteren Tritten. Weichteile, Kopf, Knochen, nichts blieb verschont. Martin schrie vor Schmerz, aber der andere überbrüllte, beschimpfte ihn, befahl ihm, sich auszuziehen, riss ihm die Kleidung vom Leib, bis er ganz nackt war.

Martin gab jeglichen Widerstand auf. Er weinte, während grobe Finger ihn abtasteten, seine Hoden, seinen

Pimmel durchkneteten, sich brutal in seinen Anus bohrten, seinen Körper wie einen Spielball hin und her warfen – ungeachtet des Schotters, ungeachtet der Wunden, aus denen er bereits blutete. Martin presste die Augen zu, wollte nichts mehr sehen. Es war unerträglich genug. Der nackte Körper des anderen auf seinem, der große Penis zwischen Martins Beinen – von vorn, von hinten, der Versuch, ihn dort hinten rein zu rammen, Schläge und Beschimpfungen. »Schrei doch!«, brüllte der andere. »Schrei!« Er quälte ihn, bis Martins Heulen das seines Peinigers übertönte.

Endlich ließ er von ihm ab, fesselte und knebelte ihn, zog sich wieder an, sagte: »Wenn ich wiederkomme, töte ich dich!«, löschte die Kerzen bis auf eine, die er mitnahm, und verschwand.

Martin lag in einem Nebel aus Schmerz, Kälte und Dunkelheit. Tränen liefen ihm übers Gesicht. Warum?, dachte er. Warum bin ich mitgegangen?

Und: Mutter. Wieder und wieder: Mutter!

Stunden mochten vergangen sein, ehe er wieder Geräusche hörte. Namenlose Angst kroch in ihm hoch. Und eine ungeheure Erleichterung. Was, wenn der andere nicht wiedergekommen wäre? Wie lange hätte es dann gedauert? Er wollte es zu Ende bringen, das hatte er versprochen!

Wenn es nur schnell ginge!

Die Fesseln, der Knebel wurden ihm genommen, dann setzte es wieder Prügel, bis er schrie. Der Folterknecht durchschnitt ihm die Sehnen des linken Knies, zwang ihn mit Fußtritten, in der Höhle herumzulaufen, stach ihn von hinten in die Niere, band ihn schließlich an einen Pfahl und schlitzte dem vor rasendem Schmerz Kreischenden den Bauch auf. Er riss an seinen Eingeweiden und zerstückelte ihn mit dem Schlachtermesser bei lebendigem Leib.

Als Martin mit geöffnetem Bauch am Pfahl zusammenbrach, öffnete er noch einmal die Augen und fragte mit dünner Stimme: »Kommst du jetzt hinter Gitter?«

Es war der letzte tröstliche Gedanke, der ihm blieb. Er hatte sich dem Metzger selbst ausgeliefert. Widerstandslos.

Nur eines konnte er ihm am Ende verwehren: Sein Herz hörte auf zu schlagen, ehe der andere es zu fassen bekam.

HILDEGARD

Unsere Bürobesatzung war immer schon mal gerne ins Kino gegangen. Seit ich den Grundig hatte, trafen wir uns häufiger mit Knabberzeug oder einem Likörchen abends bei mir. Zumindest Irmgard und Hertha. Margarethe seltener, weil die neuerdings einen Verehrer hatte. Was uns drei gleich doppelt ärgerte. Erstens weil man sie jetzt immer bitten musste, dass sie sich überhaupt noch Zeit für uns nahm. Zweitens weil sie als Einzige doch auch schon einen Mann gehabt hatte! Sie war Witwe, na gut. Aber wieso kriegte die gleich zweimal einen ab?

Irmgard war eher der herbe Typ, daher konnte man es sich auch nur schwer vorstellen, dass da ein Mann angebissen hätte. Die hatte so eine strenge Art zu gucken und zu reden, dass sie im betrieblichen Mahnwesen bestens aufgehoben war. Hertha war die Frau für die Angebote. Die hatte so was Schwärmerisches. Das einem aber auch furchtbar auf die Nerven gehen konnte. Mir zumindest. Außerdem hatte sie nicht allzu viel Grips im Kopf. Was Irmgard vielleicht zu viel hatte – und was bei Frauen ja auch nicht unbedingt gutgeheißen wurde –, war bei ihr halt ein wenig unterentwickelt.

Dass ich nie einen abgekriegt hatte, lag natürlich auch am Krieg. Nach dem ersten Weltkrieg gab es nicht mehr viel Auswahl. Ende der 20er hatte ich durchaus einen

Verehrer, einen ziemlich schmucken sogar. Rudolf. Er war erst in der Essener Hitlerjugend, dann in der NSDAP gewesen, 1930 zur Sturmabteilung gekommen. Mich hatte er vorher bereits im Sturm genommen. Ja, ich hatte mich ihm tatsächlich wider alle Vernunft hingegeben. Kein Ruhmesblatt. Zum Glück ohne Folgen. Um anschließend von ihm zu erfahren, dass er vorläufig nicht an Familie dächte. Er hätte Ehrgeiz, und es wären schwierige Zeiten. Wir könnten uns gerne verloben, hat er gesagt, aber er könne sich derzeit keinen Klotz ans Bein binden. Das waren seine Worte! Meine Familie war alles andere als begeistert, aber ich war damals noch so verliebt und so überzeugt von der Sache, dass ich alles hinnahm. Ich hatte zu der Zeit schon eine Stelle auf dem Büro, aber nicht gerade die Vorstellung, dass ich das bis an mein Lebensende machen wollte.

Allerdings verstand der Rudi unter Verlobung dann doch etwas anderes als ich. Ich dachte am Ende durchaus an eine Heirat. Ihm ging es um meine Verfügbarkeit. »Lass uns einen kleinen Soldaten zeugen«, war sein Lieblingsspruch. Natürlich war es ein Scherz. Hoffte ich zumindest. Wer wollte damals wieder an Krieg denken? Und eine Schwangerschaft war in meiner Situation das Letzte, was ich wollte. Es war ein ewiges Gerangel. Drei Jahre ging es einigermaßen gut, dann wurde Rudolf bei einem Einsatz durch einen verirrten Schuss tödlich verletzt. Er kriegte ein prächtiges Begräbnis, die Kameraden standen Spalier. Ich durfte als Erste dem Sarg folgen – vor seinen Eltern! – und fühlte mich grenzenlos erleichtert.

Dann kam tatsächlich der nächste Krieg, und danach gab's noch weniger Männer. Irgendwann hatte ich mich an mein Fräulein-Leben gewöhnt. Ich verdiente so viel, dass es zum Leben reichte. Wozu brauchte ich einen Mann? Ich konnte mir sogar einen Fernseher leisten!

Trotzdem nahmen wir Margarethe übel. Zumal sie so ein albernes Geheimnis um ihren Verehrer machte. Viel mehr als seinen Namen – Horst – kannten wir nicht.

Die Besuche richteten sich nach dem Fernsehprogramm. Zementiert war ›Einer wird gewinnen‹ mit Hans-Joachim Kulenkampff am Samstagabend. Außerdem Grzimeks ›Ein Platz für Tiere‹. Zu Beginn der Woche wurde diskutiert, was es diesmal sein sollte.

Irmgard klingelte stets als Erste. Weil sie wie immer die Nachrichten sehen wollte. Margarethe kam so eben noch rechtzeitig. Hertha erst später. Deshalb kriegte sie die Meldung nicht mit. Ein sehr grober Filmausschnitt, der einen Jungen und einen Halbwüchsigen zeigte, die Autoscooter fuhren.

Auf dem Rummelplatz in Velbert. Der elfjährige Uwe Kahlweiß werde vermisst, hieß es. Die Zufallsaufnahme eines Amateurs zeigte ihn in Begleitung eines Unbekannten, mit dem er offensichtlich zuletzt zusammen gewesen sein musste. Der die beiden gefilmt hatte, kannte den Jungen entfernt und hatte sich deswegen gleich gemeldet, als die Suchaufrufe durch die Medien gingen. Den jungen Mann, der neben dem kleinen Uwe in dem Scooter saß, hatte er vorher nie gesehen. Die Polizei bitte um sachdienliche Hinweise zu dem Aufenthaltsort des Jungen und zur Identität seines Begleiters, sagte der Kommentator. Der Begriff ›Kirmesmörder‹ fiel. Die Polizei vermute einen Zusammenhang zu mindestens einem weiteren Fall eines verschwundenen

Kindes. Bereits im März 1962 sei der achtjährige Karl Jung nach einem Kirmesbesuch in der Essener Innenstadt als vermisst gemeldet worden. Darüber hinaus bestehe möglicherweise eine Verbindung zu dem Verschwinden eines weiteren Jungen, des elfjährigen Peter Wolf aus Gelsenkirchen, der zuletzt am Bahnhof Oberhausen gesehen wurde.

»Uiui!«, sagte Margarethe, als die Nachrichten vorbei waren. »Das wird ja immer schlimmer! Diese Verrohung!«

»Ich kann mich noch an die erste Meldung erinnern. Zu dem Karl Jung. Aus der Zeitung. Da hatte ich ja noch keinen Fernseher«, sagte ich. »Da hat man sich noch gar nicht so viele Gedanken gemacht. Natürlich ist das ja immer furchtbar, wenn ein Kind verschwindet! Aber man denkt doch erst einmal, es ist vielleicht weggelaufen, und irgendjemand hätte sich seiner angenommen. Es muss gar nicht tot sein.«

»Und wenn tot«, fiel mir Irmgard ins Wort, »dann hätte es ja nicht gleich der schlimmste anzunehmende Fall sein müssen.«

»Tot ist tot, oder?«, warf Margarethe ein.

»Na aber doch kein Mord! Dass es jemand *extra* getan hat!«, widersprach Irmgard.

»Aber jemand müsste doch die Leiche versteckt haben!«

»Es könnte verunglückt sein. Es könnte sein, dass man es halt nicht gefunden hat, weil es irgendwo versteckt liegt. Nehmen wir an, es ist in die Ruhr gefallen und weggeschwemmt oder irgendwo unter Wasser festgeklemmt. Oder unter einen Zug geraten, irgendwo an einer Stelle, wo keine Häuser in der Nähe sind und wo sein kleiner Körper jetzt im Dickicht liegt. Oder der Junge ist in einen Schacht gestürzt irgendwo, wo kein Mensch bisher geguckt hat.«

Herthas Klingeln unterbrach Irmgards Mutmaßungen.

Hertha brachte die Abendausgabe der Westdeutschen Allgemeinen Zeitung mit und warf sie auf den Tisch. »Hier!«, sagte sie. »Der Kirmesmörder! Guckt ihn euch an!«

Auf der ersten Seite prangte eine Einstellung aus dem Film, den wir gerade gesehen hatten. Links der kleine Uwe Kahlweiß, der untere Teil seines Gesichts halb verdeckt von dem Lenkrad des Autoscooters. Rechts daneben – auf dem Foto im Vordergrund – der junge Mann am Steuer mit dunklem Pullover oder dunkler Jacke, aus deren Ausschnitt oben ein weißer Kragen lugte, dunkle Haare, Seitenscheitel. Er machte einen ordentlichen, gepflegten Eindruck. Hätte der ältere Bruder sein können. Die Gesichtszüge waren sehr grobkörnig, kaum wiedererkennbar. Sollte das ein Mörder sein? Womöglich ein Lustmörder?

Unter dem Artikel ein weiteres Bild. Ein Fahndungsplakat zu dem anderen Jungen, der zuletzt auf einem Jahrmarkt gesehen worden war: skeptischer Blick, der Mund halb geöffnet, als wollte er etwas sagen, blonde glatte Haare, ein schräges Pony. Darüber in Großbuchstaben: WO IST KARL JUNG? Und der Text: »Er wurde am Samstag, dem 31.03.62, gegen 17:45 Uhr auf der Kirmes am Ribbeckplatz zuletzt gesehen. Mitteilungen nimmt jede Polizeidienststelle entgegen.«

»Das ist krank«, sagte Irmgard. »Einfach krank.«

»Die Welt wird immer perverser«, stöhnte Hertha.

»Und, Hildegard?«, wollte Margarethe wissen. »Woher kommt das? Ist der Ami immer noch an allem schuld?«

»Hör auf!« Ich fand das Thema wenig geeignet, Witze zu machen. Ergänzte aber doch: »Haben wir uns nicht längst verbrüdert? Kennedy ist doch jetzt auch Deutscher. Er hat gesagt: ›Ick bin ein Berliner‹!«

»Der junge Mann auf dem Foto sieht nicht nach John F. Kennedy aus. Das ist wohl eher ein richtig böser Deutscher«, befand Margarethe.

Hertha meinte: »Redet nicht so! Der Junge könnte doch immer noch gefunden werden!«

»Aus dem Schacht gerettet?«, fragte Irmgard. »Wie beim Wunder von Lengede?« In Niedersachsen war zwei Jahre zuvor eine Grube geflutet worden. Über 100 Bergleute waren zunächst eingeschlossen, nach und nach konnten sich einige befreien oder wurden gerettet. Aber fast 30 kamen ums Leben. Während der Rettungsaktion hielt ganz Deutschland den Atem an, insbesondere im Ruhrgebiet fieberten die Menschen mit. Immer neue Suchbohrungen wurden angesetzt. Bis schließlich nach zwei Wochen die letzten elf Bergleute aus dem Loch geholt werden konnten. Da hatte auch kein Mensch mehr geglaubt, dass es noch Lebende geben könnte.

Ja, wenn man schon darüber nachdachte, dass jemand die Jungen entführt hatte, um irgendwelche perversen Spielchen mit ihnen zu machen – warum sollte er sie nicht irgendwo eingesperrt haben und sie lebten noch?

Karl Jung war am 31. März 1962 vermisst worden. Drei Jahre später, am 07. August 1965 verschwand Peter Wolf. Uwe Kahlweiß wurde zuletzt am 14. August 1965 gesehen, nur eine Woche später. Die Meldungen überschatteten den ganzen Sommer, der doch durch die Bundesgartenschau in der Gruga so verheißungsvoll für die ganze Region begonnen hatte!

Sieben Monate darauf kam dann die nächste Meldung: Der elfjährige Martin Graßmann hatte am 08. Mai 1966 die Kirmes – wieder eine Kirmes! – in Essen-Schonnebeck besucht und war seitdem nicht mehr aufgetaucht! Nicht nur in Essen, im ganzen Ruhrgebiet brach Hysterie aus. Die Zeitungen, Radio und Fernsehen kannten kein anderes Thema mehr. Überall hingen Plakate. Polizeiwagen fuhren durch die Straßen, warnten die Bürger per Lautsprecherdurchsagen und baten um erhöhte Aufmerksamkeit. Auf jeder größeren Veranstaltung wurden die Besucher um Mithilfe bei der Suche gebeten.

Die Jungen blieben verschwunden.

Nein, man konnte nicht nur Amis, Itaker oder sonstige Fremdstämmige dafür verantwortlich machen. Das Problem waren wir Deutschen selbst. Wir waren einfach zu schwächlich. Übernahmen alles, was von außen angeschwemmt wurde, jede Unsitte, jede Mode, und passten uns an. Ich gebe ja zu, dass ich in meiner Jugend auch mal schwach geworden bin. Ich meine, es liegt nun mal in der Natur der Männer, Frauen zu erobern. Daher muss man sich als Frau einfach beherrschen lernen, wenn man nicht mit etwas Kleinem sitzen bleiben will. Dass Männer Männer bespringen, ist vollkommen widernatürlich. Klar, wenn man überhaupt nichts anderes zur Verfügung hat, und der Drang ist so stark, mag sich das vielleicht übertragen. Aber da muss man sich halt auch beherrschen! Wie kann man sich denn zu derartigen Perversionen hinreißen lassen! Das meine ich mit dieser Verweichlichung. Dass sich heute alle nur noch gehen lassen. Keine Ideale, keine Disziplin!

Dem Wesen der Deutschen war das ja ursprünglich vollkommen fremd. Wenn man sich die Germanen anguckte, die konnten noch hart gegen sich und andere sein. Dann kamen die Römer aus dem Süden, wo alles warm und angenehm war. Die kannten doch gar keinen Überlebenskampf. Mit ihren Bädern und Fußbodenheizungen und Freudenhäusern. – Die Spanier und Griechen genauso. Bei denen ist es doch so heiß, da liegen die den halben Tag rum und machen Siesta, und anschließend wird die halbe Nacht durch gefeiert. Ein richtiges Lotterleben! Wenn dann die Türken noch kommen, also die Moslems mit ihrer Vielweiberei – da waren die Amis vielleicht tatsächlich noch das kleinste Übel gewesen!

Und diese elende Gleichmacherei! Frauen und Männer sind nun mal nicht gleich, und natürlich sind die verschiedenen Rassen es auch nicht! Wenn das der neue Trend ist, dann werden die schon noch sehen, wohin das führt. Die Tüchtigen sind dann früher oder später die Gelackmeierten. Weil jeder was von dem Kuchen haben will, aber keiner will ihn backen.

Ich meine, das sieht man doch schon in unserem Büro. Es gibt immer die, die flotter dabei sind. Die können dann für die anderen die Ablage mit machen.

Das ist jetzt nicht direkt gegen die Hertha gerichtet. Und solange die dafür auch öfter mal einen Kuchen mitbringt, mag das ja noch angehen. Die macht großartigen Käsekuchen. Ist ja schließlich auch was, jeder nach seinen Möglichkeiten. Deswegen kann aber natürlich auch nicht jeder bestimmen, wo es lang geht. Manche sind einfach zu blöd dazu. Das ist das Problem mit der Demokratie. Also irgendwas muss jeder auf jeden Fall beitragen zur Gemeinschaft, sonst kann er wieder gehen. Das sollten sich die Deutschen unbedingt auf die Fahnen schreiben, bevor hier alles den Bach runtergeht.

Wir hatten an dem Abend noch ein bisschen Grzimek geguckt, aber die Stimmung war gedrückt. Und irgendwann haben wir uns dann tatsächlich auch gestritten. Ein bisschen zumindest. Weil die Irmgard von der Margarethe wissen wollte, wann sie uns den Horst denn mal vorstellen würde.

»Ich bin mir nicht so sicher, ob ihr den wirklich sehen wollt«, hat die Margarethe gesagt.

»Wieso das denn nicht? Ist der so hässlich?«, wollte Hertha wissen.

»Nicht direkt.«

»Ein hässlicher Deutscher? Oder doch eher ein Spaghettifresser? Oder wofür schämst du dich?«, hakte Irmgard nach. Die nahm immer ungern ein Blatt vor den Mund.

»Genau deswegen!«, hat die Margarethe gesagt. »Weil ihr so hässliche Dinge denkt! Ihr werdet doch auf jeden Fall etwas an ihm finden, was euch nicht passt!«

Hertha hat ihr eine Hand auf den Arm gelegt. »Mensch, Margarethe!«

Aber Margarethe hat sie abgeschüttelt und sich zurückgelehnt. »Ist doch so!«

Irmgard hat versucht, zu beschwichtigen: »Wir machen uns nur Gedanken über deine Geheimniskrämerei, Margarethe. Es gibt doch überhaupt keinen Grund, jemanden nicht vorzustellen, wenn so eine Beziehung Hand und Fuß hat!«

»Vielleicht hat sie das ja gar nicht?«, ist es aus der Margarethe herausgeplatzt. Sie ist aufgesprungen, und es wirkte ein bisschen, als hätte sie Tränen in den Augen. Zumindest blinkte es so und ihre Stimme zitterte, als sie sich verabschiedet hat. Ich meine, dass sie abgehauen ist, sprach ja schon für sich. Irgendwas stimmte mit diesem Horst und ihr nicht. Und wenn man sich so verhält, dann muss man sich ja auch nicht wundern, dass sich andere das Maul zerreißen!

Am nächsten Tag auf der Arbeit hat aber keiner mehr ein Wort darüber verloren und sonst auch nicht. Aber sie ist dann eben auch noch seltener zu unseren Fernsehabenden gekommen, nur noch wenn man sie dreimal gebeten hat, wozu ja auch keiner Lust hatte. Wer dazugehören will, muss sich schon integrieren. Das ist nun mal einfach so.

ANNI

Ich hatte lange nichts mehr von Essen wissen wollen. Wollte nach meiner Ausbildung nur noch weg von da. Irgendwohin, wo ich Abstand kriegen und etwas wiedergutmachen konnte.

Tante Heti war mir eine große Hilfe gewesen damals. Mein Gott, war das schon zehn Jahre her? Was war ich aber auch naiv damals! Und so verwirrt. Dabei hatte ich mir doch alles selbst zuzuschreiben!

Im Krieg war ich noch ein Kind gewesen. Und hätte es doch *ahnen* können. Jetzt war ich erwachsen. Und hätte es *wissen* müssen. Ja, ich wusste, was ich tat. Zu jedem Zeitpunkt hätte ich mich anders entscheiden können und habe getan, was ich für – sagen wir: geboten hielt. Richtig war es wahrscheinlich nicht. Es gibt eben auch andere Aspekte, nach denen wir handeln. Es ist, wie es ist. Ich bin meinem Trieb gefolgt. Wenn ich jetzt sage, dass das nicht richtig, aber auch nicht gut oder böse war, dann heißt es genau das. Der Mensch braucht diesen Spielraum, davon bin ich überzeugt, er muss seinen Trieben folgen können. Wir Menschen sind eben vieles, aber nicht von uns aus nur gut. Dass unser Handeln Schlechtes nach sich ziehen kann, gehört nun mal zum Lebensrisiko.

Ich kann mich zum Beispiel entscheiden, einen Führerschein zu machen. Das ist nichts Schlechtes, nichts

Gutes, aber ich nehme damit das Risiko in Kauf, in einem Moment der Unachtsamkeit jemanden totzufahren. Allerdings kann ich genauso gut als Fußgänger Schaden anrichten, wenn ich eine Straße überquere, auf der gerade ein Auto daherkommt, der Fahrer kann nicht mehr bremsen, weicht aus, rast gegen einen Baum, ist tot. Genauso könnte man also die Entscheidung, die Straße zu überqueren, kritisieren. Zumindest zu diesem Zeitpunkt. Das mit den Trieben ist noch komplizierter. Auch die Entscheidung, einen anderen Menschen zu lieben, in dem Sinne, dass man sich ihm körperlich hingibt, ist doch eigentlich nicht verwerflich. Selbst wenn man nicht mit ihm verheiratet ist und das auch nicht zu tun gedenkt. Aber man nimmt mit dem Schritt gewisse Konsequenzen in Kauf.

So kann aus einer an und für sich noch nicht falschen Entscheidung durchaus etwas erwachsen, was man, wenn man einer Kirche angehörte, wohl Sünde nennen würde. Ich hatte gesündigt. Aber ich war nicht gläubig, daher traf es der Ausdruck nicht. Ich hatte auch keine Möglichkeit, zu beichten, was wohl das Traurige in der Situation war. Aber noch lange kein Grund, in eine Kirche einzutreten. Das wäre wiederum pure Heuchelei gewesen. Wenn es doch so wäre, dass man jemandem alles beichten, aus tiefstem Herzen bereuen könnte, und er schließlich alle Schuld von einem nähme! Nein, so ist es nicht und kann es auch nicht sein!

Ich hatte meine liebe Tante Heti, die mir beigestanden hat. Ich habe ihr nicht alles erzählt. Es gibt Dinge, die ich niemals jemandem erzählen werde. Nicht, weil sie so schrecklich sind, sondern weil ich es so entschieden habe. Das ist keine Lüge. Ich habe nichts beschönigt, sie hat nichts entschuldigt, und es gab nichts zu vergeben, weil es nichts geändert hätte an meiner Schuld. Damit muss ich leben. Bis an mein Ende. Aber ich habe mich bemüht, Gutes zu tun. Nachdem ich allmählich aus meiner Betäubung erwacht war. Zunächst habe ich einfach nur darum gekämpft, dass es weiterging. Bin jeden Tag angegangen, obwohl es mich gleich nach dem Aufwachen überfiel. Mich lähmte. Wie viel Kraft es mich kostete, immer wieder aufzustehen, mich zu waschen, zur Arbeit zu gehen, anderen Menschen zu begegnen, freundlich zu tun, als sei nichts gewesen! Ich war in dem neuen Klinikgebäude in der Kinderstation untergekommen. Einerseits sicherlich ein Glück, andererseits ist es mir doppelt schwer gefallen. Nebenher Abendschule und schließlich die Prüfung zur Vollschwester – nach außen hin ein erfolgreicher Werdegang. Innerlich hab ich nur darauf gewartet, dass ich weggehen konnte.

Mit dem Abschluss hab ich mich im SOS-Kinderdorf Pestalozzi in der Schweiz beworben. Von da bin ich 1958 an den Ammersee gekommen, wo ich meine erste eigene Gruppe hatte, die ich sieben Jahre lang leitete. Die Zeit hat mir gutgetan. Es klingt irgendwie verkehrt, wenn ich das so sage, und vermutlich ist es das auch. Eigentlich ging es ja darum, anderen Gutes zu tun. Aber warum sollte das nicht zusammenpassen? Ich hatte eine kleine Gruppe, die mit der Zeit immer größer wurde. Nicht nur vom Alter. Ich habe mit vier Kindern begonnen, am Ende waren es sieben, die ich mir allerdings mit einer anderen Mutter teilte, sodass wir auch so etwas wie Freizeit hatten. Natürlich gab es in der ganzen Zeit auch einige Ab- und Neuzugänge. Jedes einzelne Kind ist mir ans Herz gewachsen. Aber ich war doch froh, dass ich nicht mehr ganz unbedarft war, als ich dort anfing. Die Kleinen, die dort hinkamen, waren bedürftig. Sie hatten alle schlimme Erfahrungen gemacht – Flucht, Gewalt, Tod, Trennung von der Familie, Vernachlässigung –, und waren so gierig nach Zuwendung! Was hatte Schwester Leni gesagt? Zeit, Aufmerksamkeit und Liebe brauchten Kinder. Diese brauchten von allem ein Vielfaches! Meine Zeit war begrenzt. Ich musste sie sorgsam einteilen und darauf achten, dass jedes Kind seine nötige Portion erhielt. Die Aufmerksamkeit war nicht so gut messbar, aber ich versuchte, sie aufrechtzuerhalten, indem ich mir jeden Abend zu jedem Kind einige Notizen machte. Wenn mir nichts einfiel, wusste ich, dass ich nicht aufmerksam genug gewesen war, und schaute am nächsten Tag noch einmal genauer hin. Mit der Liebe war es am einfachsten. Wenn ich die Kinder beobachtete, war da immer etwas, was ich von Herzen lieben konnte, egal, wie störrisch oder böse sie sich gaben. Sie hatte so viel heilsame Kraft! Ein Kind, das Liebe erfuhr, verlässliche, lernte zuallererst zu vertrauen. Wenn es das tat, konnte es die Liebe auch weitergeben. An mich, seine Geschwister, andere Menschen, seine Umgebung. Aber das Wichtigste: Es lernte sich selbst lieben.

Ich dachte oft an Schwester Leni in der Zeit, und wir schrieben uns regelmäßig.

In den Folgejahren wuchs die Kinderdorf-Bewegung. War es anfangs darum gegangen, Kinder aufzufangen, die unter den Kriegsfolgen litten, stellte sich heraus, dass es auch im Wirtschaftswunderland Not gab. In dem Maße, wie der Druck von außen schwand, verlagerten sich die Probleme ins eigene Haus. Familie, Politik und Wirtschaft trugen ihr Teil bei. Wenn es dem Menschen gut ging, war er noch lange nicht gut!

1961 kam Sarah zu uns. Ihre Mutter hatte sie abgegeben, weil sie kaum Arme genug hatte, die sechs älteren Geschwister zu versorgen. Mit Sarahs Stummelärmchen war sie überfordert. Damals hieß es noch, Kernwaffentests hätten dazu beigetragen, dass es auf einmal so viele behinderte Kinder gab. Menschenwerk! Wie konnte es sein, dass der Homo sapiens eine Technologie erfand, die solche Opfer forderte? Die die Menschheit, den Planeten Erde, derart nachhaltig schädigen konnte! Dass es am Ende ein Medikament war, machte es nicht besser. Zumal die Verantwortlichen nie zur Rechenschaft gezogen wurden. Die Presse hatte den Contergan-Skandal aufgedeckt. Die Justiz deckte ihn wieder zu. Es gab einen Vergleich, und der Steuerzahler übernahm einen großen Teil der Folgekosten. 40 Prozent der Kinder starben ohnehin schon im Säuglingsalter. Der Rest wurde mehr recht als schlecht durchgebracht oder kam in Heime. Begleitschäden der Pharma-Industrie, die wie Bombenopfer als Folge der Waffenindustrie in Kauf genommen wurden. Das neue Deutschland war im Wiederaufrüstungswahn. Weil unsere Befreier Unterstützung im Kalten Krieg brauchten. Der heiße Krieg wurde exportiert. In Vietnam sprühte man ›Agent Orange‹. In Deutschland kam die Fanta Orange auf den Markt. Ein Essener Chemiker war es, der die Marke Fanta als Ersatzprodukt für Coca-Cola entwickelt hatte – im Auftrag von Coca-Cola. Konzerne kämpften um die Weltherrschaft, die Politik boxte ihr den Weg frei, notfalls mit Waffen, und der Konsument freute sich.

Obwohl ich Tag und Nacht gefordert war, las ich viel und fragte mich oft, ob wir nicht alle für alles Verantwortung trugen.

Ebenso wie ich aufpassen musste, dass ich mich im Umgang mit den Kindern nicht verausgabte, stellte ich mir aber auch die Gegenfrage: War diese Haltung, dass der Mensch Verantwortung nicht nur für seine Nächsten, sondern auch für seine Fernsten übernehmen wollte, nicht erst recht eine Anmaßung? Musste es nicht irgendwann auch mal gut sein mit dem Wiedergutmachen? Der Gedanke fiel mit zwei Ereignissen zusammen, die mich schlussendlich nach Nordrhein-Westfalen zurückbrachten: Sarah starb. Es war abzusehen gewesen und traf mich doch tief.

Dann erkrankte meine Mutter schwer.

Nachdem sie mehrere Jahre in Folge wegen ihrer Arthritis in Bad Sassendorf zur Kur gewesen und das Städtchen lieben gelernt hatte, war sie von Essen weggezogen. Dann kam der Krebs. Ich zog für die Zeit der Pflege bei ihr ein, musste mich aber bald nach einer Arbeit umsehen und fand etwas in einer Klinik für Forensische Psychiatrie in der Nähe, wo ich stundenweise arbeiten konnte. Eine neue Erfahrung, von der ich noch nicht recht wusste, ob ich sie vertiefen wollte. Als meine Mutter Anfang 1966 ging, hatte ich sie ein halbes Jahr begleiten können. Wir haben friedlich voneinander Abschied nehmen dürfen. Anders als in dem Albtraum meiner Jugendjahre, in dem ich ihr an die Gurgel gehen wollte, um das Geheimnis meines Erzeugers aus ihr herauszupressen. Ich hatte mir selbst ein Geheimnis zugelegt, über das ich mit ihr bis zum Schluss nicht hatte sprechen wollen, und konnte ihre Entscheidung schließlich respektieren. Es war die beste Zeit, die ich mit meiner Mutter je erleben durfte. Obwohl es ihr so schlecht ging. Sie war voller Metastasen. Aber ich habe mich bemüht, ihre Qualen – auch die seelischen – zu lindern, und am Ende starb sie mit einem Lächeln auf den Lippen.

Als alles vorbei war, galt es, den Nachlass zu regeln und alles zu ordnen. Ich wusste zwischenzeitlich, dass ich in das Kinderdorf nicht mehr zurückwollte, war, nachdem ich zwei geliebte Menschen in den Tod begleitet hatte, ausgelaugt und unentschieden, wie es weitergehen sollte.

Da erreichte mich ein Anruf von Leni, die ich schon lange nicht mehr Schwester Leni nannte, weil wir über unsere zunehmend persönliche Korrespondenz ein fast familiäres Verhältnis zueinander entwickelt hatten. Sie lud mich anlässlich ihrer Geburtstagsfeier am 11. Mai zu einem ›Mädelsabend‹ ein, wie sie es nannte. Ausgehen mit einigen ihrer ältesten Freundinnen, zu denen sie mich – »Keine Diskussion, Anni!« – zählte, zumal sie eine besondere Überraschung für mich hätte. Da ich fast zwei Stunden mit der Bahn anreisen musste, fragte sie, ob ich nicht bei ihr übernachten wollte. Was ich gerne annahm, nachdem ich andere Möglichkeiten – Tante Heti, eine ehemalige Nachbarin – verworfen hatte, weil ich nicht wusste, wie spät es würde.

Als der Zug in Essen einfuhr, hing ich am Fenster, gespannt, wie ich meine ehemalige Heimatstadt vorfinden würde, und staunte, was sich seit meinem Weggang getan hatte. Lag es an mir, dass ich so etwas wie Vorfreude zu schnuppern vermeinte? In der Bahnhofshalle und am Kiosk, wo ich einen Kaffee trank und mit einigen Arbeitern ins Gespräch kam, bestätigte sich der Eindruck. Große Plakate kündeten von einem Beatles-Konzert in der Gruga-Halle in sechs Wochen. Ebenfalls Ende Juni fieberte man dem Fußball-Bundesliga-Aufstiegsspiel von Rot-Weiß Essen gegen den FC St. Pauli im neu benannten Georg-Melches-Stadion entgegen. Auch wirtschaftlich ging es aufwärts: Alfried Krupp hatte gerade einen milliardenschweren Vertrag mit der spanischen Regierung über ein Hüttenwerk am Golf von Biskaya unterschrieben. Essen schien 1966 unmittelbar am Puls der Zeit angesiedelt zu sein.

Leni holte mich an der Bushaltestelle ab. Wir fielen uns um den Hals, dann schob sie mich ein Stück weg und betrachtete mich prüfend. Ich stellte fest, dass sie schmaler und grau geworden war, aber immer noch die gleiche mütterliche Wärme ausstrahlte, mit der sie mich vor bald zwei Jahrzehnten an meinem ersten Probetag in den Essener Städtischen Krankenanstalten so herzlich empfangen hatte. Sie kniff mich in die Wange, eine Geste, mit der sie mich oft begrüßt und verabschiedet hatte. »Ein bisschen hast du endlich mal zugelegt, Anni, aber ich würde immer noch meinen, ein Butterbrot täte dir gut!« Dann schob sie mit der Rechten meinen Kopf zur Seite, um meinen Haarschnitt zu bewundern. »Das nennt man Bob, nicht wahr? Steht dir großartig! Und ich hatte schon Sorge, du kämst mit einem Hochtoupet daher, wie es gerade alle tragen!«

Es kam mir vor, als wäre keine Zeit vergangen. Sie zeigte mir ihre kleine Zweizimmerwohnung, wo sie auf dem Klappsofa in der guten Stube ein Gästebett bezogen hatte. Ich überreichte ihr mein Geburtstagsgeschenk und beobachtete sie gespannt beim Auspacken. »Ich hoffe, du kennst es noch nicht?«

»*Dr. X: Tagebuch eines jungen Arztes*«, las Leni und freute sich. »Nein! Es war natürlich schon Thema auf der Station. *Der* Bestseller aus Amerika! Nichts für zart Besaitete – Krankenhausalltag halt!«

Wir unterhielten uns über das amerikanische Gesundheitssystem, über das neue Robert-Koch-Haus in den zur Universitätsklinik geadelten Krankenanstalten und die ärztliche Versorgung in der Klinik in Eickelborn. Als Leni schließlich auf die Uhr guckte, aufsprang und ein Taxi bestellte, mussten wir uns in aller Eile in Schale werfen.

»Saalbau«, gab Leni dem Fahrer als Ziel an. Wir ließen uns vor der Konzerthalle absetzen und stießen im Foyer auf die anderen ›Mädels‹, von denen ich immerhin Schwester Nella und eine andere Kollegin wiedererkannte, der Name fiel aber mir nicht mehr ein. »Anni, kennst du noch Karin?«, fragte Leni und half uns beiden so aus der Patsche.

War das die Überraschung, die sie gemeint hatte?

Wir saßen zu sechst an einem Tisch dicht vor der Bühne. Ein ›Bunter Abend‹ war angesagt. Tänzerinnen, eine Chansonnette, dann ein Zauberer. Den Namen verstand ich nicht gleich, aber als er die Bühne betrat, hatte ich das Gefühl, ihn bereits zu kennen. Ein kräftiger, nicht sonderlich großer junger Mann mit pomadisiertem dunklem Haar und Anzug mit Glitzerstreifen, schwarzen Lackschuhen und Zylinder. Er sprach nicht viel, sondern begann gleich mit einer Tüchernummer, dann zauberte er aus leeren Gläsern Bier und Milch, führte einige Kartenkunststückchen vor, ließ Billardkugeln zwischen seinen Fingern erscheinen und wieder verschwinden und schließlich präsentierte er eine Reihe Rasierklingen an einer Schnur. Der Conférencier bat das Publikum um erhöhte Aufmerksamkeit, da der junge Künstler sie sich nun einverleiben werde. Dabei wiederholte er dessen Namen, und endlich fiel es mir wie Schuppen von den Augen: Jürgen! Jürgen Bartsch stand vor mir auf der Bühne! Mein kleiner Junge! Im Publikum herrschte gespannte Stille. Ich unterdrückte den Impuls, seinen Namen zu rufen, sondern beobachtete – und dabei hatte ich jetzt tüchtig Nervenflattern -, wie er eine Rasierklinge nach der anderen langsam in seinen Mund gleiten ließ und hinunterschluckte. Zu guter Letzt hielt er nur noch das Ende des Bändels in der Hand. Trommelwirbel. Jürgen stand mit zurückgelegtem Kopf da, sich selbst wie eine Marionette an der Rasierklingenschnur aufrecht haltend. Was für ein Bild! Ich sah förmlich die messerscharfen Klingen in seinem Inneren, die Verletzungen und Narben, verborgen unter dem Glitzergewand des Magiers, der so tat, als sei das alles ein Spiel, eine Täuschung. Was es ja wohl auch sein musste. Und ärgerte mich gleichzeitig, dass ich verwirrt war, Illusion und Realität nicht auseinanderzuhalten vermochte.

Nach einem langen Moment des Zögerns fasste Jürgen mit der anderen Hand nach, zog die Schnur Stück für Stück wieder hoch und beförderte eine Rasierklinge nach der anderen zutage. Applaus brandete auf. Jürgen strahlte, verbeugte sich, der Conférencier trieb das Publikum an, weiter zu klatschen, sodass der Künstler zwei weitere Male auf die Bühne kam, um sich zu verbeugen, Küsschen ins Publikum zu werfen und zu winken.

Leni beugte sich zu mir herüber und zwinkerte. »Na, wie fandest du ihn?«

»Ich dachte – ich hab ihn erst gar nicht erkannt!«, stotterte ich.

»Unglaublich, was aus dem geworden ist, nicht wahr?«, fragte Leni in die Runde.

Nella tätschelte ihre Hand. »Da können wir doch nicht alles verkehrt gemacht haben«, sagte sie, und Karin ergänzte: »Mein Gott, dieser Strahlemann! Der konnte damals schon alle Frauen um den Finger wickeln!«

Ich schwieg. Im ersten Moment hatte ich den Impuls gehabt, seinen Namen zu rufen und zu ihm hin zu laufen. Jetzt war der Moment vorbei, und ich spürte, wie sich ein anderes, ein lange verschüttetes Gefühl des Unbehagens in mir wieder breitmachte. Es hatte etwas mit Schuld zu tun, mit Dingen, an die ich nicht mehr hatte rühren wollen.

Als Leni kichernd fragte: »Und? Sollen wir uns gleich an der Künstlergarderobe anstellen?«, fand sich keine bereit.

Die anderen zierten sich vermutlich.

Ich wollte ihn auch nicht mehr sehen.

PAUL

Er hielt die Streichholzschachtel mit der Linken wie einen kostbaren Schatz umklammert. Tastete weiter. Wo war der Kerzenstummel von eben geblieben? Mit der Rechten krallte er in den Boden, rollte, robbte, wand und drehte sich zurück, tastete. Panisch. Spürte eine kleine harte Erhebung an der Hüfte – einen Stein! Robbte weiter. Da, etwas Rundes, Weicheres – die Kerze? Größer als die von eben! Er schob sie mit den Fingerspitzen gegen einen steinernen Widerstand, sodass sie nicht umkippen konnte, riss die Streichholzschachtel auf, fingerte ein Hölzchen raus und versuchte, es an der Reibefläche zu zünden. Einmal, zweimal. Spürte, sah es aufflackern und wieder erlöschen. Das nächste. Himmel! Er musste ruhig bleiben! Dabei wurde die Zeit knapp! Einen Moment atmete er tief durch, versuchte, sich zu konzentrieren. Bei diesem Monster half nichts, auch kein Nachgeben. Ihm wurde heiß, als er sich erinnerte, wie er gefordert hatte: »Küss mich!« Alles lieber, als weiter gequält zu werden! Sein Flehen hatte den anderen nur noch wütender gemacht. Er wollte sein Opfer schreien hören, nicht jammern. Verzweifelt statt verschreckt. Außer sich statt gelähmt vor Angst. Er genoss die Panik des Unterlegenen. Nein, der Kerl mochte schwul sein und kleine Jungs bevorzugen. Vor allem aber war er eins: Sadist. Es gab nur einen Weg, lebend aus dieser Höhle herauszukommen: Indem er floh!

Waren es zehn Hölzchen, die er vergeblich zündete? 20? Wie sollte er es schaffen, den Docht zum Brennen zu bringen, wenn er doch immer panischer wurde? Dreimal kippte die Kerze um. Wie viele Hölzchen waren da noch?

Endlich! Der Docht flammte auf. Felswände wurden sichtbar. Jetzt nur die Kerze nicht wieder löschen! Das Wichtigste waren die Füße! Er musste laufen können! Was wollte er mit den Händen? Zum sich Wehren reichte seine Kraft ohnehin nicht. Also die Füße über die kleine Flamme! Die Fessel! Wenn die entsetzlichen Schmerzen im Bauch nicht gewesen wären! Die angeschnittene Muskulatur! Seine Knöchel zuckten über der Glut. Er musste mehrfach absetzen. Aber die Kerze flackerte weiter, erlosch nicht, fiel nicht um. Wieder und wieder hielt er die Fessel in die Flamme, ein beißender Geruch, die Schnüre schmolzen zu dünnen Fädchen zusammen, er konnte spüren, wie sie nachgaben, setzte die Füße wieder ab, zappelte, riss sie auseinander und – zack – die Schnur riss durch! Kam auf die Beine, rappelte sich auf. Musste sich mit der Schulter an der Felswand abstützen. Sich zurechtfinden. Woher waren sie gekommen? Bloß nicht in die falsche Richtung laufen! Erspähte im Umsehen seine Kleidung, die verstreut auf dem Boden lag, ging in die Knie und schnappte die Unterhose. Nicht so nackt vor andere Menschen treten! Aber er musste weg, draußen konnte er im Dunkeln immer noch versuchen, sie anzuziehen. Zuallererst musste er weg! Er erkannte im flackernden Licht die Biegung, die sie genommen hatten, hinter der ihn der Stoß getroffen hatte. Hastete ins Dunkle los, immer wieder innehaltend, sich orientierend, horchend, ob ihm jemand entgegenkäme. Schaffte es. Endlich! Ein ferner Streifen dämmriges Licht. Die Straßenlaterne! Erreichte den Ausgang der Höhle. Schlug sofort einen Haken, Deckung suchend vor einem möglichen Angreifer. Da war keiner! Aber auf der anderen Straßenseite, schräg gegenüber waren Häuser, brannte Licht! Menschen!

Er besann sich der Unterhose. Hier war er geschützt. Sollte der Kerl zurückkehren, würde er ihn von Weitem sehen können. Er selbst war doppelt im Vorteil: Im Schutz der Dunkelheit. Und: Der andere würde überhaupt nicht damit rechnen, dass er entkommen sein konnte. Er ging also in die Knie und schlüpfte unter Verrenkungen in die Beinlöcher, hüpfte, zerrte, bis wenigstens sein Blöße bedeckt war. Vergewisserte sich erneut nach beiden Seiten, dass keine Menschenseele sich näherte. Rannte über die Straße.

Der Eingang des Hauses gegenüber lag hinter ein paar Stufen. Nummer 34. So kurz vor dem Ziel schwächelte er, torkelte die Treppe hoch, fand den Klingelknopf. Zu hoch für die gefesselten Hände! Er versuchte es mit Stirn und Nase, klingelte Sturm, schlug den schmerzenden Kopf gegen die Haustür, schrie auf, rammte seine Schulter ins Holz. Nach einer schier endlosen Zeit verdunkelte sich der Spion. Jemand stand hinter der Tür. Er rumste dagegen, schrie: »Hilfe! Helfen Sie mir!« Sah sich um. Kein Gewalttäter hinter ihm. Vor ihm: Rettung!

Er hörte, wie eine Kette vorgelegt wurde.

Ein Türspalt tat sich auf. Zwei Augen. Die Kette spannte.

Für einen Sekundenbruchteil durchzuckte ihn der Gedanke, das könnte der Vater sein. Oder er selbst!

Der Kerl war nach Hause gegangen zum Abendessen und um mit den Eltern fernzusehen. Weit konnte es nicht sein! Warum nicht gleich gegenüber?

Eine Männerstimme, misstrauisch: »Was willst du?« Sie gehörte einem alten Mann. Ein zweites Augenpaar, über die Schulter des Mannes lugend. Eine Frauenstimme: »Was ist denn los?«

Die beiden konnten nicht die Eltern von diesem Monster sein! Sie waren viel zu alt!

»Hilfe!«, krächzte er. Seine Beine gaben nach. Er schwankte, kippte gegen den Türrahmen und ging in die Knie.

»Besoffen!«, brummte der Mann. »Und nackt!«

»Mach doch auf!«, rief die Frau. »Der ist verletzt!«

Der Mann versuchte, die Tür zu schließen, so fühlte es sich zumindest an, weil das Holz gegen seine Schulter drückte, aber dann klirrte die Kette, und die Tür gab so plötzlich nach, dass er in den Flur kippte. Endlich in Sicherheit!

Zehn Minuten später heulte eine Sirene auf.

෯෨෨ඁ

HILDEGARD

Margarethe war seit Langem mal wieder erschienen. Zu ›Einer wird gewinnen‹. Es war und blieb unsere gemeinsame Lieblingssendung. Ich hab mich manchmal gefragt, woran das lag. Dieser Kuli war doch eigentlich eine linke Socke, dem nichts heilig war. Und diese Völkerverständigungsmasche! Schon der Name der Sendung hieß ja abgekürzt nichts anderes als Europäische Wirtschaftsgemeinschaft, EWG. Da wurden Menschen aus acht Nationen in die Rhein-Main-Halle nach Wiesbaden eingeladen, die zum Quiz gegeneinander antraten, vier Frauen, vier Männer – die mussten noch nicht einmal aus Europa kommen, ganz egal, Hauptsache Ausländer. Es ging um Allgemeinbildung, in allererster Linie um andere Länder, klar, man wollte mit aller Macht beweisen, dass die Deutschen weltoffen und tolerant waren und alles Fremdländische spannend fanden. Gleichmacherei auf allen Ebenen. Lauter Dinge, die mir von Herzen zuwider waren. Aber irgendwie schaffte es dieser Mensch immer wieder, dass man sich trotzdem amüsierte und man konnte durchaus auch etwas lernen dabei. Als Zuschauer riet man ja immer mit, und in der Hinsicht waren wir vier prima. Selbst Hertha bewies gelegentlich ein gutes Gespür beim Raten.

178

Ich mochte Margarethe. Irmgard auch mit ihrer Stutenbissigkeit. Und Hertha konnte man sowieso im Grunde nicht böse sein. Wirklich ein gutes Quartett, fand ich. Und in den meisten Dingen waren wir uns eigentlich auch einig. Ich halte ja überhaupt nichts von dem Geschrei um Frauengleichberechtigung und dass man sich zusammentun muss. Jeder sollte seinen Platz kennen. Und natürlich, wenn eine einen Mann hat, hat sie gewisse Pflichten. Daher gab es auch keinen Grund, Margarethe übel zu nehmen, wenn sie nicht immer kam. Es war nur die Geheimnistuerei. Als wenn sie uns nicht traute.

Da wir im Laufe des Abends schließlich eine ganze Flasche Eierlikör geleert und ziemlich viel gekichert hatten, hab ich sie am Ende doch auch noch mal gefragt: »Und? Was macht die Liebe?«

Sie ist ein bisschen rot geworden und hat hastig gesagt: »Alles gut, alles gut.«

»Wo kommt der eigentlich her, der Horst?«, hab ich nachgesetzt.

»Wie meinst du das?«

»Na, ob der hier aus Essen ist oder von woanders her kommt?«

»Ja, er kommt aus Essen. Aber wer will das wissen?«

»Ich«, hab ich gesagt, und die anderen haben gelacht.

»Erzähl uns doch mal was, Margarethe«, hat Hertha mit treuherzigem Augenaufschlag gesagt. »War der schon mal verheiratet? Ist der Witwer? Hat der Kinder?«

Margarethe hat etwas unsicher geguckt. Als wüsste sie nicht recht, ob sie es preisgeben sollte. Aber man merkte gleich, dass Hertha es getroffen hatte. Klar, der konnte ja nicht viel jünger als Margarethe sein. Mit Sicherheit hatte der schon mal eine Frau gehabt. Oder er war hoffnungslos dämlich oder hässlich. Aber ich konnte mir nicht vorstellen, dass Margarethe an so jemandem etwas finden konnte.

»Ja, er war schon verheiratet«, hat sie schließlich gesagt. »Und er hat Kinder. Aber er ist nicht Witwer.«

Das war ja mal eine Bombe!

»Sag bloß, du hast dich auf einen Seitensprung eingelassen!« Hertha war empört.

Margarethe schüttelte den Kopf. »Seine Frau hat die Scheidung eingereicht.«

»Deinetwegen?« Das kam von Irmgard und mir gleichzeitig.

»Nein, das war schon vorher! Ich hab damit überhaupt nichts zu tun. Hab ihn erst später kennengelernt.«

»Und warum, um Himmels willen, wollte die sich scheiden lassen? Was fehlt diesem Mann?«, wollte Hertha wissen. Bei ihr musste alles in ihre kleine romantische heile Welt passen.

Für einen Moment zögerte Margarethe, als überlegte sie noch, ob sie antworten sollte, dann sagte sie – und es klang fast trotzig: »Beide Beine.«

Wir waren sprachlos.

»Waas«, kam es schließlich von Irmgard. »Der ist ein Krüppel?«

Margarethes Kinn ruckte hoch. »Genau!«

»Du lieber Himmel!« Das war Hertha. »Wie ist das denn passiert?«

»So was kommt halt vor im Krieg«, sagte Margarethe spitz.

»Wie kann denn der …«, setzte ich an.

»Ja?« Margarethe guckte mich herausfordernd an.

»Wie kann der *was*? Sprich dich nur aus, liebe Hildegard!«

»Äh … wie kann denn der laufen? Ich meine, sitzt der im Rollstuhl oder wie?«

»Er kriegt gerade die zweite Prothese angepasst. Er ist mit Krücken unterwegs.«

»Na, und wie macht man das so mit einem Mann, der keine Beine hat?« Irmgard sprach aus, was vermutlich allen im Sinn war.

»Du willst wissen, wie mit so einem Mann Geschlechtsverkehr möglich ist?«

»Na ja …« Irmgard ließ den Satz unvollendet.

»Keine Sorge, da ist noch alles dran bei ihm. Er ist ein wunderbarer Liebhaber.«

»Aber«, – Hertha verzog das Gesicht –, »ist das nicht ziemlich eklig?«

»Was, bitteschön, sollte daran eklig sein?«, fragte Margarethe. »Ich persönlich finde einen fetten Wanst viel ekelhafter, liebe Hertha.«

Durch Hertha ging ein Ruck. Sie richtete sich unwillkürlich auf und nahm die Schultern zurück, sodass ihr Bauch sich straffte.

»Und wenn ihr's schon so genau wissen wollt: Wir haben uns gestern verlobt!«, ergänzte Margarethe.

»Na das ist doch wunderbar!« Ich bemühte mich, die Wogen zu glätten. »Was haltet ihr davon? Ich hab noch eine Flasche Kupferberg Gold im Kühlschrank. Auf diese Neuigkeit könnten wir doch mal anstoßen, was meint ihr?«

Das haben wir dann tatsächlich getan.

»Auf dich, Margarethe!«, habe ich gesagt, als wir die Gläser gehoben hatten. Irgendwie habe ich es nicht über mich gebracht, den Namen ihres Verlobten zu ergänzen. Und irgendwie wusste ich noch nicht einmal recht, ob man ihr dazu überhaupt gratulieren konnte.

Drei Tage später jagte eine Meldung die nächste: Wieder war ein Junge entführt und misshandelt worden. Paul Frese, ein 14-jähriger Hilfsarbeiter. Aber diesmal war das Opfer entkommen! Aus einem Luftschutzbunker in der Heegerstraße in Bonsfeld!

Der Junge hatte sich in Wuppertal-Elberfeld von einem Unbekannten, einem jungen Mann, den er später dem auf dem Autoscooter-Bild Abgebildeten zuordnete, ansprechen und auf ein Bier einladen lassen. Anschließend bat sein spendabler Gönner ihn, mitzukommen, er wollte einen Schatz aus dem Zweiten Weltkrieg bergen, den er in einem ehemaligen Luftschutzbunker entdeckt hätte. Paul Frese ließ sich darauf ein – aus einem Gefühl der Verpflichtung und Neugier.

Nachdem sie ein Stück in die Höhle vorgedrungen waren, fiel sein Begleiter plötzlich über ihn her. Es müssen einige nicht nur sehr unappetitliche Dinge homoerotischer Natur passiert sein, sondern nach dem wenigen, was aus den Polizeiberichten zu verstehen war, muss der körperlich überlegene Angreifer sein Opfer geradezu bestialisch über einen längeren Zeitraum gequält haben, bis er ihn schließlich für eine Weile gefesselt allein ließ, weil er zu Abend essen wollte, wie er dem Jungen ankündigte. Er werde aber zurückkommen, um ihn zu töten.

Dem Opfer war es in der Abwesenheit seines Peinigers gelungen, die Fesseln so weit zu lockern, dass es weglaufen konnte. Es habe halb nackt und verletzt bei Anwohnern geklingelt, die die Polizei und einen Notarzt verständigten.

Der Junge wurde ins Krankenhaus eingeliefert. Er stand unter Schock, stammelte wirres Zeug und wurde von den Ärzten für vernehmungsunfähig erklärt. Da die Polizei seinen Aussagen zunächst ohnehin nicht traute, dauerte es bis zum Montagvormittag, ehe man den Bunker in Augenschein nahm.

Man fand alles vor, wie von Frese beschrieben. Seine Kleidung, Kerzenstummel, Reste der Fesseln, Blut- und Kampfspuren. Aber vor allem – eine Fingerkuppe, die zu einem Kind gehören musste. Der Geruch hätte es den Ermittlern gleich nahelegen müssen: Im hinteren Teil des Bunkers wurden weitere Körperteile, Kleidungsstücke und Leichen, teils unter Balken verborgen, teils notdürftig verscharrt, entdeckt, die den vier Vermisstenfällen zugeordnet werden konnten. Die Kripo Düsseldorf und Essen wurde verständigt, Ermittler aus den Mordkommissionen Karl Jung, Peter Wolf, Uwe Kahlweiß und Martin Graßmann hinzugezogen. Man fand mögliche Mordwerkzeuge: Ein feststehendes Messer und mehrere Drahtschlingen.

Die Entdeckung ging wie ein Lauffeuer durch Essen. Noch während die Polizeibeamten den Bunker untersuchten, versammelte sich eine Menschenmenge vor dem Eingang und harrte dort bis tief in die Nacht hinein aus.

Alle paar Minuten gab es neue Meldungen. Wir hörten es im Büro, als wir in der Mittagspause das Radio einschalteten. Ich vermute, es gab im Ruhrgebiet nicht viele Betriebe, die über ein Radio verfügten, in denen weitergearbeitet wurde, als wäre nichts gewesen. Für uns war der Tag gelaufen. Auch wenn es nicht viel Vernünftiges zu sagen gab – außer Äußerungen des Entsetzens und der Trauer. Und Wut. Ja. Das Schaudern beim Gedanken an das, was sich in diesem Bunker abgespielt haben mochte, die Abscheu, gingen in ein Zittern der Wut über. Was für eine Bestie musste sich hier an Schwächeren, an unschuldigen Kindern ausgetobt haben! Wer konnte Vergnügen daran finden, Menschen zu quälen und zu zerstückeln – womöglich bei lebendigem Leibe! Welche perversen Spiele hatte diese Ausgeburt der Hölle mit ihren Opfern getrieben?

Hertha hatte schon ein ganzes Päckchen Papiertaschentücher verbraucht, als der Chef uns endlich nach Hause schickte. Wir verabredeten uns für die Abendnachrichten bei mir.

Kaum zu Hause, rief ich Irmgard an.

»Hallo?«, meldete sie sich.

»Der Sohn von dem Maler!«, rief ich. »Weißt du noch? Das muss gut fünf Jahre her sein, da haben wir in der Kaffeepause darüber gesprochen! Wie hieß der?«

»Maler?« Irmgard stand auf dem Schlauch.

»Ja! Bock oder so! Der Sohn war mit dem im Bunker, aber die Anzeige wurde wieder eingestellt!«

»Der Bock war mit seinem Sohn im Bunker und die Anzeige wurde eingestellt?«, echote Irmgard, aber dann fiel endlich der Groschen. »Beck!«, rief sie. »Frank

Beck!« Ich hörte durchs Telefon, wie sie sich an die Stirn klatschte. »Ich ruf da an!«, rief sie. »Vielleicht haben die das noch gar nicht mitgekriegt! Nein, besser noch, ich laufe rüber!« Schon hatte sie aufgelegt.

Abends kam sie zeitgleich mit Margarethe an. Triumphierend. Hertha saß bereits auf dem Sofa, ein Päckchen Papiertaschentücher in der Hand.

»Der hatte tatsächlich noch nichts mitgekriegt!«, rief Irmgard. »Er hat sofort bei der Polizei angerufen, noch als ich daneben stand!«

»Und?«, drängte ich.

»Die hatten rein gar nichts mehr über den Vorfall, das war ja gleich eingestellt worden damals. Er hat ihnen den Namen genannt, und sie sind gleich dahin gefahren. Den Beck und seinen Sohn haben die auch sofort abgeholt zur Langenberger Wache.«

»Na und wer war es nun?«

»Jürgen Bartsch heißt der Kerl! Sohn der Metzgersleute Bartsch!«

»Metzger?« Hertha schüttelte sich.

»Au weia«, sagte ich.

Wir sahen die Nachrichten. Bilder von der Langenfelder Polizeistation, die aufgebrachte Menge davor. Die Menschen schrien und schüttelten die Fäuste, wirkten, als wollten sie das Gebäude stürmen, um den Festgenommenen zu lynchen.

Zunächst hatte er alles bestritten, er kenne keinen der Jungen, sei nie in der Höhle gewesen. Als man ihm sagte, man habe dort Leichenteile gefunden, schwenkte er auf einmal um und gab zu Protokoll, dass er in dieser Höhle vier Jungen getötet habe.

Aufnahmen des Täters wurden gezeigt. Jürgen Bartschs Augen waren Kinderaugen, groß, weit aufgerissen, erschreckt. Dann schlug er den Blick nieder, drängte sich Schutz suchend an einen der Beamten, an die er rechts und links mit Handschellen gefesselt war. Der Polizist sagte etwas zu ihm, und er zuckte zurück, starrte auf den Boden, bis die Gruppe im Auto verschwunden war. Er sollte dem Haftrichter vorgeführt werden, sagte der Berichterstatter. Der Ausschnitt mit Jürgen Bartschs Gesicht und Oberkörper blieb auf dem Bildschirm stehen, während von den Ermittlungen berichtet wurde. Ein hübsches Gesicht, kindlich weiche Züge, volle Lippen, die Haare kurz geschnitten, Seitenscheitel, eine ordentliche, adrette Erscheinung, Sohn aus gutem Haus. Weißer Kragen über hellem Pullover, die halb erhobenen Hände mit gepflegten Fingernägeln – nichts an ihm wirkte schmutzig oder abstoßend, er war alles andere als ein verkommenes Subjekt! Auch kein grobschlächtiger Metzger. Im Gegenteil, dem Anschein nach ein harmloser junger Mensch, sympathisch. Man konnte verstehen, dass die Jungen nichts Arges geahnt hatten, als sie ihm gefolgt waren.

Laut einer Umfrage der Bildzeitung war Jürgen Bartsch der zweitfurchtbarste deutsche Verbrecher – gleich nach Hitler und noch vor Eichmann. Auch wenn er deutlich weniger Menschen ums Leben gebracht hatte: Wie war es möglich, dass so ein junger Mensch aus gutem Elternhaus aus purer Lust am Quälen derartige Gräueltaten hatte begehen können?

KURT

Ich war bei jeder Sitzung dabei. Neunmal. Es ging mich doch an! In der Zeit, als ich mit Jürgen zusammengearbeitet hab, war mir natürlich das eine oder andere aufgefallen. Zumindest hat man sich Gedanken gemacht. Eigentlich immer schon. Aber wer hätte sich so was Krankes vorstellen können?

Hilde hatte da schon ein Gespür für. Eine Schwester zu haben, jemand, mit dem man reden konnte, das war schon viel wert. *Ist* es. Offen, meine ich. Vielleicht lag es auch daran, dass sie ihre Ausbildung bei einem Arzt gemacht hat. Da lernte sie ja alles Mögliche kennen. Und verstehen! Der Dr. Wegner war so ein Arzt, der nicht nur Pillen verteilte. Der hat auch immer gefragt: Woher kommt das?

Ich meine, die waren ja direkt davon betroffen! Die hatten einen Patienten, der von dem Jürgen – na, der hat den halt angepackt. Und zwar nicht nur einmal. Den Alexander. Ein Nachbarkind. Zehn Jahre alt damals. Die Mutter war mit dem zum Arzt gegangen, weil jemand den tüchtig vermöbelt haben musste. Hilde sagte, der Hintern von dem Jungen war über und über mit Handabdrücken übersät. Man sieht das ja. Wer je eine Ohrfeige eingesteckt hat, weiß das. Da hat man genau den Abdruck von der Hand im Gesicht. Könnte man im

Grunde hergehen und Handabdruckproben nehmen. So ein kleiner Hintern, hat Hilde gesagt, das hätte schon beim Ansehen weh getan. Das wären keine kleinen Hände gewesen. Der den verhauen hatte, war eindeutig älter. Die Mutter hatte das beim Baden bemerkt. Der Junge war im Wald gewesen und musste anschließend in die Wanne. Er wollte es ihr gar nicht zeigen und auch nichts verraten. Was sollte sie machen? Ich meine, das kennt man ja. Nie im Leben hätte ich damals verraten, wer mich in die Tonne gesteckt hatte. Das ist doch genau das, wie so was läuft. Man muss schon was einstecken können! Wer petzt, der reitet sich nur rein. Hilde hat gesagt, die Kinder, die die in der Praxis da zu sehen kriegte – wir beide waren ja in einer Familie aufgewachsen, da konnte ich auch im Nachhinein nur dankbar für sein. Eltern sind ja die Schlimmsten. Lehrer auch. Oft stecken die auch noch unter einer Decke. Natürlich hat der Wegner zuerst an die Eltern gedacht, weil es nicht nach Kinderhänden aussah. Nachdem er mit ihnen geredet hatte, wollte er wissen, mit wem der Junge denn sonst schon mal zusammen war. Na, und da fiel sehr schnell der Name Jürgen Bartsch. Das war der Nachbar, und der Alexander war oft bei dem gewesen. Als die Eltern dann zu den Bartschs gegangen sind, war das denen natürlich total peinlich, und sie haben denen Geld geboten, und damit haben die sich dann auch zufrieden gegeben. Aber sie sind kurz danach weggezogen mit ihrem Sohn. Das Risiko wollten die einfach nicht eingehen, weil der Alexander den Jürgen schon gemocht hat, der hat den ja auch erst mal gedeckt. Obwohl er es nicht leiden konnte, wenn der

Jürgen seinen ›Rappel‹ kriegte, wie der Alexander das nannte. Der war dem Jungen nicht nur an den Hintern gegangen. Vorne hat er auch rumgemacht, aber da hat er ihn nicht geschlagen, nur rumgefummelt. Aber was heißt *nur*. Nicht, dass wir das nicht auch mal gemacht hätten. Aber doch nicht mit so viel Jüngeren! Der war doch noch ein Kind! Da ging doch gar nichts! Also da hätte man schon misstrauisch werden können. Aber die Eltern von dem Alexander haben dann auf eine Anzeige verzichtet. Das Geld, was die bekommen hatten – das stellte sich vor Gericht heraus –, haben die Bartschs dem Jürgen gleich vom Lohn abgezogen.

Das alles hat die Hilde mir erst erzählt, als sie den Jürgen hatten. Erstens gab es das Schweigegebot. Zweitens wusste sie ja erst mal nur davon, dass der Alexander vermöbelt worden war. Dass es um den Jürgen ging, hat sie mitgekriegt, als der Dr. Wegner mit den Eltern geredet hat. Das wurde natürlich nicht dokumentiert. Und da wusste man ja noch gar nichts, nur dass der Jürgen mit dem öfter gespielt hatte. Alles andere stellte sich ja erst später raus.

Der Dr. Wegner, der hatte für Kinder wirklich ein Händchen. Vielleicht hatte das ja auch damit zu tun, dass der selbst verkrüppelt war, also dass man weiß, wie es ist, wenn jemand Probleme hat. Der hatte was an der Hand. Vielmehr da fehlte dem was. Drei Finger. Zum Glück links. Das wäre ja auch ziemlich eklig für die Kinder gewesen, wenn die dem die Hand hätten geben müssen. Manche Dinge gehen einfach nicht, finde ich. So ein Kinderarzt muss ja Vertrauen einflößen. Der kann nicht aussehen wie Quasimodo. Dann hat der seinen Beruf verfehlt. Ich könnte ja auch nicht einfach Stewardess werden. Obwohl ich gehört hab, dass es Männer gibt, die so was versuchen. Die sind aber auch schwul.

Der Dr. Wegner musste dann auch vor Gericht aussagen. Die haben natürlich alle Jungs da im Umfeld unter die Lupe genommen. Auch den Alexander. Obwohl der inzwischen weggezogen war. Das ist ja immer noch was anderes, wenn man von der Polizei befragt wird. Die haben schon noch einiges aus dem rausgeholt, was der seinen Eltern nicht erzählt hatte. Wäre aber im Grunde gar nicht nötig gewesen, weil der Jürgen sowieso alles gestanden hat. So einen Verbrecher hat man wohl nicht so oft. Der hat immer nur gesagt: Ja, stimmt. Also ganz selten, dass der widersprochen hat. Und dann gar nicht mal unbedingt, damit es besser für ihn ausging. Der hat sich auch noch richtig belastet! Zusätzlich, meine ich. Wirklich krank!

Der Alexander ist den immer gern besuchen gekommen. Die Bartschs lebten ja da jetzt in ihrem eigenen Haus in der Finkenstraße. In der Siedlung ›Glaube und Tat‹ – was für ein Name! Der Jürgen hatte alles, wovon andere Kinder geträumt haben. Da haben die Platten aufgelegt und Filme geguckt und fangen gespielt, na, und dann hat der Jürgen mit dem gebalgt, so nannte der das immer. *Balgen*! Ich weiß nicht, wie oft der Ausdruck fiel in den Verhandlungen. Wir haben uns immer gebalgt, wir Jungs, klar. Aber das war doch was ganz anderes! Wenn man auf jemandem geritten ist, dann hieß das doch einfach, dass man stärker ist, dass der andere sich nicht mehr wehren kann. Wie kann man dabei an *so* was denken! Und dann ist der dem in die Hose gegangen. Wir haben doch alle diese kurzen Lederbuxen getragen. Die hielten alles aus, die brauchte man nicht waschen, das reichte, wenn man die von Zeit zu Zeit ausklopfte, das erledigten unsere Väter dann schon, wenn wir was ausgefressen hatten.

Die hatten den praktischen Latz zum Aufknöpfen, wenn man pinkeln musste. Da kam man dann gut dran. Also der Jürgen. Der Alexander sollte die Augen schließen und sich tot stellen. Sich nicht bewegen. Da hat der Jürgen dem auch Geld für gegeben. Anfangs hat der wohl nur da rumgefummelt. Und an sich. Der Kleine sollte dann auch mal bei ihm anfassen, hat er gesagt. Aber dann wurde das immer schlimmer. Das hatte nichts mehr mit Zärtlichkeit zu tun. Der wollte dem richtig weh tun! Ich meine, was sollte das denn, dass man ein Kind so ohne Grund verhaute!

Klar – es gab ja auch eigentlich keinen Grund, dass die Erstklässler vermöbelt wurden. Oder auch später, wenn die das immer noch nicht kapiert hatten, dass so was einfach dazugehört. Dass man halt auch einstecken lernen muss. Und sich einfügen. Das war doch normal! Aber was der da gemacht hat, das war doch vollkommen pervers! Dass einer Spaß daran hat, andere zu verhauen! Schlimmer noch, dass er einen hoch kriegt dabei!

Ich meine, dass man vom anderen Ufer ist – damit wird man ja wohl geboren. Wie die Nazis das gemacht haben, dass die alle ausgerottet werden sollten – das war natürlich keine Lösung. Und solange man keinem wehtut – aber mit Kindern ist das was ganz anderes. Solche

Verbrecher sollten sich schon lieber kastrieren lassen. Ich meine, wie sollte der dagegen an, wenn es doch nun mal so angeboren ist?

Was der Jürgen gemacht hat, dafür gehört man an den Galgen! Das war ja einfach bestialisch. Wenn ich mir überlege, dass ich mit dem zu tun hatte, dem die Hand gegeben, mich mit dem unterhalten hab! Gemacht hab, was der mir gesagt hat – ich meine, der war ja immerhin mein Chef, zumindest der zukünftige!

Am schlimmsten war, dass ich den auch noch gedeckt hab! Das fing ja schon damit an, dass ich dem früher geholfen hatte gegen den Heinz Beckmann. Wie oft ich aber später im Betrieb auch weggeguckt hab! Im Grunde bis zum Schluss. Und darüber hinaus. Ich stand bei dem Wuppertaler Prozess nicht im Zeugenstand! Dabei hätte ich mit Sicherheit auch so einiges … Das Schlimme ist, dass man automatisch selbst Dreck am Stecken hat. Also behält man es für sich oder redet es schön. Ich hab ja sogar dran verdient! An dem dreckigen Geld! Der hatte tatsächlich damals schon seine Oma beklaut.

Später hat er halt in die Ladenkasse gegriffen. Und zwar nicht zu knapp! Seinen Führerschein musste der ganz flott wieder abgeben, schon nach einem halben Jahr, weil er sturzknülle zum Schlachthof gefahren ist. Der andere Geselle war als Beifahrer dabei.

Ab da war der Jürgen mit Taxis unterwegs. Der muss eine ganze Flotte mit dem Geld seiner Eltern finanziert haben, die kannten den alle, die Taxifahrer, die vor Gericht befragt wurden. Ganze Tage rumgefahren, sich auf Jahrmärkten rumgetrieben, Kinder angesprochen und die frei gehalten, damit er sie anschließend abschleppen konnte. Der hatte immer die Spendierhosen an. Hunderte von Jungen hat der versucht, so in seine Gewalt zu kriegen! Selbst zwei Tage, nachdem er den Frese in den Bunker gelockt hatte, war er wieder unterwegs! Aus lauter Frust, dass der ihm ausgebüxt war! Wie konnte das sein, dass die Bartschs davon gar nichts nicht mitgekriegt haben? Allein das Geld! Das waren doch Unsummen! Ich bin ja der festen Überzeugung, die haben sich schon ihr Teil gedacht und wollten es unter der Decke halten. Die Bartschs haben immer alles mit Geld geregelt! Der Alexander war nämlich nicht der Einzige. Es gab auch welche, die haben gleich den Mund aufgemacht! Und einige Eltern werden nicht gesagt haben: Du spinnst! Oder: Stell dich nicht so an! Das wächst sich aus! Oder: Was sollen die Nachbarn denken! Halt bloß den Mund! Wenn die dann zu den Bartschs gekommen sind – die Olsche hat immer bereitwillig gezahlt und sich das Geld von dem Jürgen wieder zurückgeholt. Na, und der hat es sich dann wieder aus der Kasse genommen. Das muss so ein ständiges Geben und Nehmen bei denen gewesen sein. Und immer schön Augen und Ohren zuhalten und den Mund auch.

Ja, ich hab auch lieber die Klappe gehalten. Ich meine, man denkt ja lange, das geht dich doch gar nichts an, das mit dem Geld, meine ich, solange die nicht behaupteten, dass es einer von uns genommen hätte.

Na und das andere – da hat man dann gedacht, das war ja auch nichts so wirklich Schlimmes in dem Sinne, dass man anderen was antut. Das war einfach nur pervers. Ich meine, was der mit dem Dietbert gemacht hat, dem anderen Gesellen – der war ja kein Kind mehr. Musste der doch selber wissen! Natürlich fragt man sich – es war verboten, ganz klar! Aber zeigt man jemanden dann auch an, wenn er doch eigentlich keinem Schaden zufügt? Der Dietbert war doch genauso eine schwule Sau, wenn der sich drauf eingelassen hat. Und hat sich's sogar noch bezahlen lassen, weil der Jürgen es doch hatte. Wie gesagt, dafür gab's ja die Kasse.

Ich war doch nur ein kleines Licht da. Natürlich hab ich mich nicht wohlgefühlt damit. Aber das war auch vorher schon so. Den Alten hab ich gehasst, die Alte sowieso – na und den Junior – mit dem hatte ich ja manchmal sogar Mitleid! Bis zu dem Zeitpunkt war ich doch noch vollkommen ahnungslos gewesen, was für ein Perverser das war! Ich hatte ihn zuletzt in der Tanzschule mit meiner Schwester Hilde und mit der Helga erlebt. Wie er sich an die ran geschmissen hatte! Normal war das ja auch schon nicht. Aber irgendwie noch so, dass man es vielleicht verstehen konnte.

Als ich dann gesehen hab, was der mit dem Dietbert im Keller getrieben hat – wie das Vieh! Und ich hätte es nie mitgekriegt, weil ich doch eigentlich nie in den Keller ging! Mein Vater sowieso nicht. Der Chef hatte das irgendwie akzeptiert, also ganz so ein Unmensch war der gar nicht, denke ich. Normalerweise musste man ja auch gar nicht in den Keller. Da lagen nur Sachen, die man selten brauchte. Und solange sich jemand fand, der freiwillig ging – der Jürgen war eh so ein Kellerkind, der hat sich da wohlgefühlt. Dass der Dietbert dann immer wieder hinterher geschlichen ist – nu ja! Wer wollte denen das übel nehmen, dass die sich offensichtlich verstanden? Dass die sich da unten einen gesüffelt haben, war ein offenes Geheimnis. Das roch man schließlich, wenn die wieder hochkamen. Spätestens als der Jürgen den Lappen abgeben musste, war auch klar, dass der das auch nicht mehr so ganz im Griff hatte. Aber wie gesagt, der Jürgen hatte bei mir trotz allem immer noch einen Mitleidsbonus. Bis der Chef mich dann doch mal in den Keller geschickt hat, weil kein anderer da war. Im Nachhinein bin ich mir sicher, dass der denen einen Schuss vor den Bug geben wollte. Wenn er selber gegangen wäre, hätte er die Augen nicht mehr verschließen können. So riskierte er zwar, dass ich möglicherweise was an die große Glocke hängte. Aber erstens hatten sie ja damit Erfahrung. Da wurde ein bisschen hinterher geschmiert, dann war wieder Ruhe. Zweitens kannte der mich ganz gut. Der wusste, dass ich nicht so ohne Weiteres was unternommen hätte. Schon auch wegen meinem Vater. Klar, ich hab mich dann endlich weg beworben. Das hat mir wirklich den Rest gegeben. Und der van Leen war froh, der konnte mich gut gebrauchen. Mit meinem Vater hab ich das natürlich vorher besprochen, und der hat mir auch gesagt, ich soll's machen.

Als der Jürgen dann verhaftet wurde, da war ich längst weg und heilfroh. Was mein Vater da durchmachen musste, das war furchtbar. Die Leute haben sich vor dem Laden zusammengerottet, die Scheiben beschmiert, jeden beschimpft, der da aus und ein ging, die Presse hat den belagert. Die mussten den Betrieb erst mal schließen, da ging gar nichts mehr. Mein Vater

ist schließlich bei dem Schott im Möbellager untergekommen. Das war nicht toll für seinen Rücken, aber
schleppen musste der in der Metzgerei ja auch. Hauptsache, weg von den Bartschs.

ANNI

40 Tage nach der Vorstellung war der Hokuspokus
vorbei! Es traf mich wie ein Donnerschlag. Leni rief
gleich am Mittwoch an, aber da stand es schon überall in der Zeitung, und die Meldungen überschlugen
sich. Immer neue schreckliche Details wurden ausge-
breitet. Geradezu genüsslich, wie es schien! Die Leute
waren so gierig, das Unfassbare wieder und wieder zu
lesen oder zu hören!

Mein unerklärliches Unwohlsein an dem Abend im
Varieté wuchs sich zu einem entsetzlichen Gefühls-
durcheinander aus. Was hatte dieser bestialische Mörder mit dem eitlen Illusionisten und vor allem mit
dem süßen kleinen Strahlemann zu tun, den ich vor
19 Jahren das erste Mal geherzt und geküsst hatte?
Das Gefühl der Befremdung, das ich schon in Essen
empfunden und das letzten Endes zu meiner Kün-
digung geführt hatte, kehrte tausendfach verstärkt
zurück. Ich hätte mir am liebsten Augen und Ohren
zugehalten, aber die Details der Gräuel sprangen mich
von überall her an. Am schlimmsten war es nachts,
wenn ich den Bildern hilflos ausgeliefert war. Ich sah
Billardkugeln mit höhnischen Fratzen, die zwischen
Fingern erschienen und wieder verschwanden. Jürgens Gesichtchen. Zwei kleine Patschhändchen, zwei

Augen, die zwischen den Fingerchen hindurchlinsten, sein Kinderstimmchen, das »Kuckuck!« rief. Ich sah blitzende Rasierklingen, die die Finger einen nach dem anderen abschnitten. Hände verwandelten sich in Klauen, Schneiden ritzten rote Striemen in Haut, in Gliedmaßen, Fleischermesser fuhren durch Eingeweide, schabten Bauchhöhlen, Gebärmütter aus, amputierten Arme, Beine. Blut strömte aus offenen Wunden. Wochenlang schaffte ich es nur mit Hilfe starker Schlafmittel, in einen Zustand zu kommen, aus dem ich nicht zehnmal in der Nacht schweißnass aufschreckte. Ich verkroch mich in der Wohnung, vollkommen unfähig, zu entscheiden, wie es weitergehen sollte. Zwang mich nichtsdestotrotz, zum Dienst anzutreten, fühlte mich in die Zeit versetzt, als ich nur noch funktionierte, um meine Ausbildung zu beenden und so bald als möglich das Weite zu suchen. Was nützte es, wegzulaufen? Irgendwann holte einen doch alles wieder ein! Es waren *meine* Bilder, *meine* Albträume. *Meine* Schuld, die mich quälte!

Als der Prozess begann, haderte ich wochenlang mit mir, ob ich hinfahren sollte. Ich hatte auf eine volle Stelle aufgestockt und hätte natürlich einen Urlaubstag beantragen müssen. Aber ehe ich mich sortiert hatte, war es vorbei. Die Schwere des Verbrechens und die Dauer des Prozesses standen in überhaupt keinem Verhältnis. Nach nur neun Sitzungen stand das Urteil fest: Der »gefährliche Gewohnheitsverbrecher« Jürgen Bartsch war voll schuldfähig und würde lebenslänglich weggesperrt. Das Urteil entsprach genau meinem Impuls. Nichts wie weg damit! Ich wollte nichts damit zu tun haben. Mich nicht fragen, welchen Anteil an dem Monströsen ich hatte. Wie viel Monströses in mir steckte. Wie viel Mörderin.

Ich fürchte, die Wenigsten wollten sich solche Fragen stellen. Die Volksseele kochte, kurierte sich selbst durch die Verteuflung des Abartigen, das nichts mehr mit einem Menschen gemein hatte. Der Bestie wurden sämtliche Bürgerrechte abgesprochen. Man forderte Wiedereinführung der Todesstrafe. Folter. Auge um Auge, Zahn um Zahn.

Was mich aber am meisten befremdete und immer wieder auf mich selbst zurückwarf, waren nicht die, die so reagierten, sondern die anderen, die genau das Gegenteil taten. Die wie magisch angezogen die Nähe des Monsters suchten. Instinktgesteuerte Schmeißfliegen, die durch ihn ihre morbiden Fantasien ausgelebt sahen? Die in ihm den sahen, der ihre eigenen sadistischen Süchte vollstreckte?

Insbesondere Frauen!

Was faszinierte so auffallend viele Frauen an ihm? Fanden sie den Gedanken an grausame Sexualpraktiken erotisch? Verwechselten sie Brutalität mit Stärke, suchten sie den Beschützer, der jeden zerfleischen würde, der ihnen etwas antäte? Glaubten sie in maßloser Selbstüberschätzung, ihn mit ihrer Liebe heilen zu können?

Eine alternde Schauspielerin bewarb sich um diese Rolle, schrieb ihn an, bat um einen Besuchstermin – und war nicht die Einzige, die im Gefängnis vorstellig wurde. Die Verehrerinnen gaben sich quasi die Klinke in die Hand!

Die Presse geiferte. Stürzte sich auf jede verirrte Seele, die Jürgen Freundschaftsanträge und Liebesbriefe schickte.

Eine Gisela Deike aus Hannover, gesichtsgelähmt, scheeläugig, klumpfüßig, konnte das freundliche Gesicht des Angeklagten nicht mit seinen bestialischen Taten überein bringen. Die körperlich Deformierte suchte sich mit dem seelisch Missgeratenen zusammenzutun. Wie sie gab es viele selbst vom Schicksal Benachteiligte: Alte, Hässliche, Behinderte, Frustrierte, sexuell Ausgehungerte auf der Suche nach Aufmerksamkeit und Anerkennung, nach einem Liebesobjekt, das ihre Zuwendung zu schätzen wusste und nur darauf wartete, von ihnen erlöst zu werden. Sie klagten Jürgen ihr Leid und versprachen seines durch ihre Liebe zu lindern. Und wenn die Macke Sucht nach öffentlicher Aufmerksamkeit und schnödem Mammon hieß! Eine Yvonne besuchte ihn gleich mehrfach und brachte den Bedürftigen dazu, sie zu küssen. Was für ein Triumph! Den Mann vom anderen Ufer! Sie verkaufte ihre Liebesgeschichte gewinnbringend an die Illustrierte ›Quick‹, auf deren Titelblättern barbusige Frauen, im Innenteil Schmuddelgeschichten wie ihre lockten.

Das Schlimmste aber war: Es gelang mir nicht, mich über diese Frauen zu erheben. War ich doch selbst keine Sauberfrau! Ich hatte nicht nur Böden und Bäder geputzt. Das war die Rolle gewesen, auf die Frau Bartsch mich hatte zurechtstutzen wollen. Weshalb ich es letzten Endes in der Goethestraße nicht mehr ausgehalten hatte. Meine Zuwendung, meine Gefühle für Jürgen waren seiner Adoptivmutter suspekt. Dabei hätte ich so viel zu geben gehabt – war ich doch selbst auf der Suche nach Liebe! Wie diese Frauen, die nun um Jürgen buhlten, als alles längst aus dem Ruder gelaufen war. Vielleicht hätte ein bisschen mehr Zuwendung damals ja etwas verhindern können. Jetzt war doch alles zu spät!

Aber hatte ich mich nicht selbst damals als Versehrte empfunden? Vaterlos, ungeliebt, von diesem entsetzlichen Krieg um meine Kindheit gebracht? Der böse Gedanke: War ich nicht selbst damals schon der Faszination des Hässlichen erlegen? Der Erotik des Monströsen?

Ja! Aber nicht des Bösen!

Was ich bei Dr. Tobias Wegner noch als ersten Impuls gespürt, der mich verwirrt und in die Flucht getrieben hatte – bei Horst hatte ich es ausgelebt. Diese merkwürdige Mischung aus Mitleid, Zärtlichkeit, Sehnsucht und schließlich purer Lust!

Nein, ich hatte nicht nur Bäder und Böden geputzt. Ich war schließlich Krankenschwester, keine Putzfrau. Ich war diejenige, deren Auftrag es war, Wunden zu verarzten, nicht Fliesenfugen auszukratzen. Jürgen Bartsch hatte ich Windeln gewechselt, ihn gebadet, gepudert, gecremt – wie man das mit kleinen Kindern tut. Horst war ein Mann. Einer mit zwei vernarbten Stumpen, wo andere Beine hatten. Er brauchte Hilfe, aber das Meiste konnte er durchaus selbst erledigen. Da waren keine Windeln zu wechseln, er musste nicht gebadet werden. Es genügte, wenn man ihm die Krücken reichte, ein Handtuch, Creme. Ich habe es gerne getan. Bin ihm zur Hand gegangen. Habe ihn, obwohl er das nicht eingefordert hatte, gewaschen, getrocknet, gecremt, gestreichelt, massiert. Ich habe es gern getan. Wollte es. Und er hat es zugelassen. Weil es ihm guttat.

Was heißt das für einen Menschen, wenn er von seinem Land in den Krieg geschickt wird, um sein Vaterland zu verteidigen? Der Begriff ›Vaterland‹ sollte doch bloß suggerieren, dass da eine Art Verwandtschaft vorläge. Dass er es für seine Familie tue. Seine Familie! Nachdem er sich für die seine Beine hat wegschießen lassen, ist ihm die Frau weggelaufen. Die hatte andere Träume. Die Kinder wollten ihn nicht mehr kennen. Einen Mann in den besten Jahren, der das Pech hatte, dass es ihn nur halb erwischt hatte. Wie oft hat er davon geträumt, dass die Granate ein wenig höher eingeschlagen hätte! Mitten ins Herz! Was blieb ihm anderes, als vor sich hin zu vegetieren und zu verbittern?

Und ich? War ich nicht genauso kriegsversehrt in meinem Bedürfnis, das Grauen irgendwie wieder gutzumachen? Es traf sich mit dem Zustand meiner Hormone.

Ich habe mit ihm geschlafen.

Er war ein Krüppel, aber ein Mann. Keiner, den ich hätte heiraten wollen und können. War er nicht auch viel zu alt?

Lebenserfahrung und Kriegsversehrung haben aus ihm einen göttlichen Liebhaber geformt. Niemals danach hat mir ein Mann so viel Lust bescheren können! Er, der so überhaupt nicht mehr damit gerechnet hatte, dass eine Frau etwas an ihm finden könnte – er war so dankbar, so behutsam, so zärtlich! So besorgt, dass er mich verschrecken könnte, dass er mir unendlich viel Zeit, Aufmerksamkeit und Liebe geschenkt hat.

Horst war der beste Liebhaber, den eine Frau sich

zu ihrer Entjungferung nur wünschen kann. Er hat mir gezeigt, dass körperliche Liebe unglaublich schön sein kann. Er hat mich zur Frau gemacht. Ohne das mindeste bisschen Gewalt. Ich habe es getan, weil ich es wollte. Es war gut.

Ob es richtig war?

Das Urteil der Gesellschaft war bereits gefällt, ehe ich Horst kannte. Er war ein Krüppel. Kein Mann mehr. Frau und Kinder hatten ihn im Stich gelassen. Geschieden war er noch lange nicht. Wenn ich, die kleine dumme Krankenschwester, sich seiner in dieser Weise erbarmte, dann war das nicht ein einfacher Ehebruch. Für jemanden, der mit so einem Krüppel schlief, gab es nur eine Erklärung: Er – nein, sie! – war pervers! Es war also von Anfang an klar, dass unser Verhältnis unter allen Umständen unter uns bleiben musste. Wer hätte dafür Verständnis haben können? So ein junges Mädchen und so ein alter Krüppel! Sündiges, schamloses, verbotenes Verhältnis! Schon der Begriff! Statt von Liebe zu sprechen, setzt man zwei Menschen ins Verhältnis zueinander. Bloße Naturwissenschaft! Nein! Beziehungen zwischen Menschen entziehen sich der Berechnung! Sie folgen den Gesetzen der Gefühle. Was war Böses dabei?

Wir reden immer von den Helden, die für uns – was auch immer! Horst hatte für uns – für dich und mich, für uns tausendjährige Deutsche – beide Beine hergegeben. Was war sein Lohn?

Von Kindern sagt man, sie brauchten Liebe. Wieso sollte das bei Erwachsenen anders sein? Liebe ist kein Mitleid, bitteschön! Sie ist rückhalt- und kompromisslos.

Dass unsere Beziehung früher oder später – nach einem Dreivierteljahr – Konsequenzen hatte und ich mich letzten Endes schuldig gemacht habe, das bleibt an mir kleben. Ich habe es bitter bereut. Aber die Sache an sich war nichts Schlechtes. Das will ich mir nicht einreden lassen. Auch wenn alle Welt das anders sehen wird.

Was das mit Jürgen zu tun hat?

Jürgen hat sich nicht für das Vaterland geopfert. Keinesfalls. Er hat andere geopfert. Nicht für das Vaterland, sondern für seine durch und durch bösen Begierden. Nur – und in dem Punkt kann ich ihm nachfühlen: Begierden kamen nicht aus dem Nichts. Es gab sie längst. Die sind uns allen vertraut. Dass sie zum *Ausbruch* kommen, dass sie sich in dieser pervertierten Form gegen andere richten, daran haben viele einen Anteil. Auch ich. Ich habe die Bestie in einer entscheidenden Phase ihres Lebens begleitet. Als das Böse allenfalls in ihr schlummerte. Ein Keim zumindest. Den ich nicht am Wuchern gehindert habe. Wieso sitze *ich* nicht auf der Anklagebank? Oder hat man ihm die Bösartigkeit eingebläut? Gewiss auch das. Einiges ist angeboren. Wenn es derartig aus dem Ruder gerät, müssen andere nachgeholfen haben. Dabei hätte er so viel Liebe gebraucht!

Ich dachte an Sarah. Die mit einem angeborenen Defekt zur Welt gekommen war. Einem menschengemachten. Wie viel Zuwendung war nötig gewesen, um einen solchen Menschen dazu zu bringen, sich selbst lieben zu können? Sie war gestorben, kurz bevor ich nach Bad Sassendorf ging. Ihr Tod hatte mir geholfen, einen Schlussstrich zu ziehen. Sechs Kinder habe ich zurückgelassen. Sie waren auf einem guten Weg und nicht allein. Meine Mutter brauchte mich.

Aber auch wenn diese Ereignisse sich so gefügt haben mögen – ausschlaggebend war, dass ich selbst an dem Punkt angekommen war, dass ich gehen konnte und wollte.

Dass ich Jürgen wiedersah und von seiner Entwicklung erfuhr – das Wort windet sich schon auf der Zunge, klingt so falsch! Welche *Entwicklung* soll das sein, wenn er am Ende Dinge getan hat, die kein Tier seinesgleichen antäte? Der Begriff ›Bestie‹ ist so gesehen doch eine schreckliche Beschönigung! – Das warf mich auf mich selbst zurück.

GÜNTER

Du liebe, liebe, Liese!

Ich weiß, du hasst es, aber ich möchte dich trotzdem manchmal so nennen, verbinde ich doch nur Gutes mit dem Kosenamen – dich nämlich! Während du die dumme Liese siehst. Die du für mich nie warst. Auch wenn du dich gerade so eingeschränkt in deinen Möglichkeiten fühlst – es wird vorübergehen! Eines Tages – ganz bald – sind die Kinder groß und du bist vollkommen frei, deine Interessen zu verfolgen, während dein lieber Mann bis an sein Lebensende verdonnert sein wird, seinem grauem Arbeitsalltag nachzugehen. Wie viel bunter und beglückender muss es doch sein, die Entwicklung eurer wunderbaren Kinder aus nächster Nähe verfolgen zu dürfen! Ihnen ein Leben bieten zu können, das uns beiden nur bedingt möglich war.

Ich hatte es dir am Telefon ja bereits angedeutet. Nun bin ich doch tatsächlich in Düsseldorf in das Schattenreich meiner Jugend eingetaucht! Es hatte mich gar nicht so viel Überzeugungsarbeit gekostet, wie befürchtet, den Chef vom Dienst zu bewegen, mich als Prozessbeobachter hierher zu schicken. Als er erfuhr, dass ich Jürgen Bartsch persönlich gekannt hatte, kriegte er gleich Dollarzeichen in die Augen. Er sah die Auflage unserer

Wiesloch-Ausgabe des Rhein-Neckar-Boten in unge-
ahnte Höhen schnellen und zeichnete meinen Spesenan-
trag, ohne mit der Wimper zu zucken, sogleich ab. Und
ich hatte schon gedacht, ich müsste unbezahlten Urlaub
beantragen, nachdem ich vor einem halben Jahr erst in
der Redaktion begonnen hatte. Nun, umso schöner!
Als Journalist genießt man doch unbestreitbare Vor-
teile. Ich musste nicht schon Stunden vor Beginn der
Sitzung anstehen, sondern saß auf einem der reservierten
Vorzugsplätze, wo ich alles gut mitkriegte, und bekam
alle Unterlagen zur Verfügung gestellt. Nur meine Bitte
um ein Interview wurde abschlägig beschieden. Dieser
Münchner Rechtsanwalt, Busse heißt er, hat da seinen
Daumen drauf. Solche Staranwälte passen ja wie die
Schießhunde auf, dass nur ja während des laufenden
Prozesses nichts in die Öffentlichkeit sickert, was die
Verhandlung zu Ungunsten ihrer Verteidigungsstrate-
gie beeinflussen könnte.

»Lieber Herr Schwarz«, hat er mir im Gang vor
dem Sitzungssaal gesagt, als ich mich dem Davonei-
lenden in den Weg und mich vorgestellt hatte. »Wenn
ich nun jedem, der mit Jürgen Bartsch im Leben einmal
die Schulbank gedrückt hat, ein Interview verschaffen
wollte, dann sollten wir gleich um eine Prozessverschie-
bung bitten. Sie sind ein studierter Mann. Das können
Sie doch verstehen?«

Natürlich konnte ich das! Was blieb mir anderes
übrig?

Und wenn ich Bartsch einige Fragen schriftlich –
die er, Busse, vielleicht seinem Mandanten weitergeben könnte?

Er hieb mir begeistert auf die Schulter. »So machen Sie's! Schreiben Sie ihm! An die Justizvollzugsanstalt in Köln-Ossendorf! Er kriegt Wäschekörbe voller Post! Da wird Ihr Brief wohl auch noch reinpassen!« Sprach's, drehte sich um und eilte mit wehenden Rockschößen die Treppe hinunter.

Ich bin es dennoch zufrieden. Jürgen – den ich dir vor Jahren, wenn ich mich recht erinnere, irrtümlich als Jörg vorgestellt hatte – ist ein dankbarer Angeklagter. Ein gut befundeter. Nachdem der Bundesgerichtshof als Revisionsinstanz das Wuppertaler Urteil mit der Begründung gekippt hatte, es habe keine ausreichende Begutachtung durch einen Sexualforscher gegeben, insbesondere einen auf Psychopathologie spezialisierten, sind für diesen zweiten Prozess nun biblische zwölf Haupt- und 24 Nebengutachter aufgeboten worden. Der Angeklagte selbst ist, wenn er gefragt wird, auskunftsfreudiger als im ersten Verfahren, wie man hört. Was vermutlich auch der Tatsache geschuldet ist, dass man ihn in dem ersten Verfahren kaum hatte zu Wort kommen lassen wollen. Voll geständig ist er ohnehin. Das heißt, ich habe reichlich Material, zu dem ich ganze Romane verfassen könnte. Aber mein Blick auf ihn ist nicht (nur) der des Journalisten, sondern auch immer der des Mitschülers. Der den Saal voller Pritschen, die Prügel und das Leiden an Papu mit ihm geteilt hat.

Pater Puttkammer spielte im Übrigen in diesem Prozess eine große und recht unrühmliche Rolle. Hatte er doch – so lautet nun die Erkenntnis – in einer entscheidenden Phase – der Pubertät – zu einer Weichenstellung beigetragen, die in dem Angeklagten Sex endgültig als etwas Schmutziges verankerte, das mit Gewalt, Onanie und Homoerotik verknüpft war. Wie hat Bartsch selbst es genannt? In Marienhausen sei er endgültig versaut worden. Papus Lust an Misshandlungen Wehrloser habe er ebenso wie dessen pädophile Neigungen übernommen, lautete denn auch der Befund. Ja, du liest richtig, liebe Lieselotte! Man hatte mich, um mir meine inzestuöse Neigung auszutreiben, in die Fänge eines sadistischen Pädophilen gegeben. Wie glücklich musste ich mich schätzen, dass dieser Kelch gewissermaßen ohne größere Folgen an mir vorbeigegangen ist! Meine Mitschüler waren im Gegensatz zu mir schon jahrelang von dem weiblichen Geschlecht ferngehalten und weggesperrt worden. Die nutzten jede Gelegenheit, sich unter der Dusche mit Stielaugen zu begucken und unter Bettdecken zu befummeln – vermutlich auch gegenseitig. Wie sollten sie anders mit ihren Hormonen umgehen? Die Männer, denen man uns anvertraut hatte, hielten Askese für den Königsweg der Annäherung an ihren Gott. Muss diese zwanghafte Leugnung urmenschlicher Bedürfnisse zwecks Läuterung des Geistes nicht im Gegenteil zur Fixierung auf eben jene Begierden und damit zur Trübung des Geistes und Abwendung von Gott führen? Welcher normale Mensch erträgt das, ohne zu pervertieren? Große Worte, wirst du sagen. Ich sehe dein spöttisches Lächeln schon vor mir. Aber ist nicht einiges Wahres daran? Ihr habt euch entschieden, eure Kinder zu taufen. Seid ihr euch der Konsequenzen einer Erziehung im Sinne der katholischen Glaubenslehre wirklich bewusst und könnt ihr sie vorbehaltlos bejahen? Ich warne dich. Als Onkel werde ich immer ein wachsames Auge auf eure Sprösslinge haben und ihren Werdegang mindestens mit gelegentlichen spöttischen Anmerkungen begleiten!

Was Papu angeht: Ich wusste, er hatte seine Lieblinge, die er umarmte und küsste und die Privatbeichten in seinem Zimmer ablegten. Jürgen Bartsch gehörte nicht dazu. Aber er berichtete von einer Begebenheit, als er aus dem Zeltlager mit Fieber in das Haus zurückgebracht wurde. Der Pater hätte ihm gegen die Langeweile ein Radio geliehen. Am Abend sei er von ihm aufgefordert worden, es zurückzubringen und sich zu Papu ins Bett zu legen. Dieser sei ihm mit der Hand in die Schlafanzughose gegangen, erst hinten, dann vorn, habe ihn gestreichelt, an ihm manipuliert und ihn aufgefordert, das gleiche an den Geschlechtsteilen des Paters vorzunehmen. Rauf und runter, wie das so geht. Anschließend habe er ihn gewarnt. Wenn er die Schnauze aufreiße – so die Worte des Pädagogen –, werde er fertig gemacht. Das sei der Grund für den ersten Fluchtversuch aus Marienhausen gewesen. Er habe es keine Sekunde länger dort ausgehalten.

Ich schwöre, liebe Lieselotte, ich bin von dergleichen verschont geblieben. Habe nichts mitbekommen. Wollte das sicherlich auch nicht. Aber ich halte es für sehr wahrscheinlich, dass es sich so abgespielt hat. Der Mann hatte ein ganz klares Problem mit seiner Sexualität! Seine ewige Klage über den Kampf mit dem Satan!

Du hättest seinen Auftritt vor Gericht erleben sollen! Ich war offenbar nicht der einzige frühere Schüler im Saal. Wusste natürlich, dass Ehemalige als Zeugen geladen waren. Aber dass sich so viele unter den Zuschauern befanden – ich kannte doch die wenigsten! Bin ja selbst nur ein Jahr da gewesen – als einer der Ältesten. Was haben mich die Jüngeren damals interessiert? Ich hab nur immer gedacht: Halte durch, das hat bald ein Ende!

Als Pater Puttkammer in den Zeugenstand trat, kam es deutlich vernehmbar aus mehreren Kehlen: »Da ist das Schwein!« Seine Aussagen wurden mit »Lüge!«-Zwischenrufen kommentiert, und: »Das ist doch alles gelogen!«, hieß es, als er abtrat.

Natürlich stritt er alles ab. Seine Prügelorgien wurden als gelegentliches Handausrutschen beschönigt. »Schaum vor dem Mund« hätte er laut Jürgen dabei gehabt. Während Papus Widerrede sammelten sich kleine Spuckebläschen in seinen Mundwinkeln, die er nervös mit einem karierten Taschentuch wegtupfte. Es ging die Rede, dass er als Kind lange gestottert habe, was nichts erklärte, aber den Eindruck des »gefürchteten Sadisten«, des »verhängnisvollen Leitbilds«, wie es in den Gutachten hieß, abrundete. Das Gericht sah die Manipulationen als bewiesen an. Sein Vorgesetzter bedauerte, dass der Pater die ›Fakten‹ nicht sehe. Man habe gleich gewusst, dass er sich vor Gericht schwertun werde.

Zu seiner Ehrenrettung muss gesagt werden, dass sich auch Ehemalige fanden, die sein Engagement hoch hielten und angaben, von sexuellen Übergriffen nie etwas bemerkt zu haben. Er habe freiwillig Nachhilfestunden in Mathematik gegeben. Ein Zeuge bekannte, des Paters leuchtendes Vorbild habe ihm den Weg zu einem Theologiestudium gewiesen.

Natürlich ging es nicht nur um Pater Puttkammer in der Verhandlung. Jürgen wartete mit einer Fülle von Beispielen auf, die den grauen Alltag, die brutalen Übergriffe und die ›Versatanisierung‹ der pubertären Anwandlungen illustrierten. Diakon Hambüchen habe ihn einmal so heftig geohrfeigt, dass er unter den Betten entlanggerutscht sei, ein andermal habe er ein Lineal auf ihm zerlegt. Diakon Birnbaum sei nicht weniger zimperlich gewesen. Einmal habe er ihm die Faust mit solcher Wucht mitten ins Gesicht geschlagen, dass er aus den Schuhen gekippt sei. Ein dicker Religionslehrer, dessen Namen er nicht mehr erinnerte, sei ebenfalls ein ganz übler Schläger gewesen. Pater Godazka: ein zynischer Feigling, streng und ungerecht – und und und. Nicht alle Namen sagten mir noch etwas, aber die Zustände hätte ich genau so bestätigen können.

Man muss Jürgen zugutehalten, dass er auch Beispiele von Pädagogen nannte, die sich positiv abhoben. Einen, Pater Hoffacker, hatte ich ebenfalls als strengen, aber guten Lehrer geschätzt. Er war 20 Jahre als Missionar in Caracas gewesen, was dazu beigetragen haben mochte, dass er von einer Menschlichkeit beseelt war, die sich mit Brutalität nicht vertrug. Den ehemaligen Provinzial Dr. Klaus, den Jürgen als ›Seele von Mensch‹ beschrieb, hatte ich nicht mehr kennengelernt. Jürgen mutmaßte, dass er von manchem keine Ahnung gehabt haben mochte.

Überraschend war für mich immerhin, was er über einige Mitschüler preisgab. Es war mir nicht klar gewesen, was da trotz der strengen Kontrollen brodelte. Offensichtlich hatte Jürgen die ganze Zeit Anschluss gesucht. Durchaus von sexuellem Verlangen geprägt. Aber immer erfolglos. Da gab es einen Heiner, Sohn eines Düsseldorfer Gastwirts, dem er sich fast angenähert hätte. Mit einem Dieter aus Essen, in den er richtig verliebt gewesen war, ohne dass jemals etwas zwischen ihnen vorgefallen sei, erlebte er eine wechselvolle Freundschaft – der eigenen Eifersucht geschuldet, wie er freimütig zugab. Dass er vor Gericht schließlich von homosexuellen Kontakten dieses Dieter zu andern Mitschülern erfahren musste, erboste ihn noch im Nachhinein.

Andere waren forscher. Am Sportplatz sei er von einem größeren Klassenkameraden aufgefordert worden, sich auf ein Sanitäterspiel einzulassen, für das er die Hose herunterziehen sollte. Am helllichten Tag! Er habe zu viel Schiss gehabt. Woraufhin der andere ihn als »Feigling!« beschimpft und nie wieder beachtet habe. Ein anderer Mitschüler, Günther, bei dessen Anblick er erotische Gedanken bekommen habe, hätte ihm zweimal Zettel zugesteckt. Er habe zu lange gezögert, sie nicht als Zuneigungsbekundungen zu deuten gewusst und nicht reagiert, was er im Nachhinein bereut hätte.

Er erzählte auch von einem Heribert aus Köln, der im Zeltlager exzessiv gequält worden sei. Ein paar Jahre nach Marienhausen habe dieser Heribert sich bei einer Bergtour zu Tode gestürzt. Zufall?

Warum das alles? Den Sinn der Haltung, die hinter dem Spruch: ›Ein Indianer kennt keinen Schmerz‹, steckt, kann ich nicht erkennen. So sehr ich Karl May liebe: Auch wenn er den ›edlen Wilden‹ propagiert, der sich durch Selbstbeherrschung auszeichnet: Karl May war ein entschiedener Feind jeglicher Quälerei. Zwischen Beherrschen und Quälen liegen nicht nur Welten, sondern vollkommen unterschiedliche Auffassungen von menschlichem Miteinander. Askese ist eine Haltung, die jemand lebt. Nichts, was einem aufoktroyiert wird!

Ich will dieses Internat nicht in Grund und Boden verdammen. Auch nicht die Salesianer oder die Katholische Kirche. Jeder möge die Überzeugungen leben, die er für richtig hält. Er mag sie auch gerne anderen nahelegen. Mehr nicht.

Die Zustände in Marienhausen entschuldigen auch nicht die Gräueltaten von Jürgen Bartsch. Darum ging es bei diesem Prozess auch nicht. Es ging um die Frage, wie viel Verantwortung der Einzelne für sein Handeln trägt.

Ich hätte nicht in der Haut der Richter stecken wollen. Sie mussten in diesem Prozess mehr bewältigen, als ein Urteil zu fällen. Diese beiden Gerichtsverhandlungen zur Causa Jürgen Bartsch standen für eine grundlegende Umorientierung der Justiz – gemäß der im Sommer erst vollzogenen Strafrechtsreform. Der Vergleich mit dem Alten und Neuen Testament ist sicherlich zu weit hergeholt. Ging es vorher um ›Auge um Auge, Zahn um Zahn‹, so galt natürlich nicht plötzlich die Bergpredigt nach dem Motto: ›Wenn dich jemand auf die rechte Wange schlägt, dann halte ihm auch die linke hin.‹ Sühne sollte schon noch sein. Aber eben auch die Frage der Schuldfähigkeit und der Resozialisierung.

Was Jürgen anging, hat man ihm zumindest zugestanden, dass er zum Zeitpunkt seiner ersten Tat – mit 15! – alles andere als erwachsen, aber auch bei den weiteren – am Ende zählte er immerhin 19 Jahre – noch lange nicht altersgemäß entwickelt und daher eben nicht voll schuldfähig im Sinne des Erwachsenenstrafrechts war. Er sei sozial abgekapselt aufgewachsen und in dieser ungesunden Isolation seinen verhängnisvollen Trieben ausgeliefert gewesen, hielt man ihm zugute. Auch habe er zu viele schlechte Vorbilder gehabt und zu viel erlitten, wofür er sich letztendlich – wie am eigenen Leibe erfahren – an Schwächeren hätte rächen wollen.

Liebes Schwesterlein, die du meinen Werdegang bisher am detailliertesten hast verfolgen können, sage mir doch das eine: Bin *ich* erwachsen? Muss man mir nicht auch mildernde Umstände zugestehen, wenn ich demnächst eine große Dummheit begehe?

Hier komme ich nun zu dem Teil meines Berichts, der dich am meisten interessieren wird, und den ich dir als meiner persönlichen Beichtmutter gestehen will, bevor ich ihn selbst recht verstehe: Ich habe jemanden kennengelernt! Einen ganz reizenden Menschen weiblichen Geschlechts. Ich traf sie – wo auch sonst? – vor dem Gerichtsgebäude, wo sie mit ihrem Bruder am Einlass anstand. Wir kamen ins Gespräch über die Gerichtsverhandlung und dies und das. Sie kannte Jürgen Bartsch persönlich, er hatte gleich bei ihr um die Ecke gewohnt. Mittlerweile arbeitet sie bei einem Kinderarzt, der auch als Zeuge vor Gericht ausgesagt hat. Aber du willst von mir nun gewiss keine weiteren Details zu dem Prozess hören, sondern viel lieber wie sie aussieht?

Wenn du eine Idee von Audrey Hepburn hast, dann stelle sie dir ungefähr so vor. Große rehbraune Augen und ein ganz entzückendes Lachen. Ich bin heute Abend mit ihr verabredet und werde dir selbstverständlich baldmöglichst Bericht erstatten. Natürlich wäre es eine schreckliche Dummheit, wenn ich mich so kurz vor meiner Rückkehr nach Wiesloch im tiefsten Süden Deutschlands in ein Mädchen aus Nordrhein-Westfalen verliebte. Aber so ist das halt mit den Trieben! Es sollen hier auch einige Verlagshäuser existieren, die ganz anständige Zeitungen herausgeben.

Wie sie heißt? Hilde.

Du bist doch nicht eifersüchtig?

Für heute die herzlichsten Grüße

von deinem dich auf immer und ewig liebenden Günter

ANNI

Ich war doch selbst schuld! Hätte ja weggehen können. Stattdessen bin ich geblieben. In der Wohnung meiner Mutter in Bad Sassendorf. In Eickelborn. Den Vertrag aufgestockt, zunächst, um über die Runden zu kommen. Ja natürlich interessierte mich die Arbeit! Sie war so anders als das, was ich vorher gemacht hatte. Aber es hing doch alles zusammen. Als Kinderkrankenschwester war es meine Aufgabe gewesen, Menschen gut ins Leben zu begleiten. Startschwierigkeiten hatte ich zur Genüge kennengelernt. In der Psychiatrie ging es um ein Nachbessern. Die Werdegänge der Patienten fand ich spannend. Allerdings wurde in der Eickelborner Klinik eher versorgt und zu wenig therapiert, wie ich fand. Es gab einiges aufzuholen. Im Dritten Reich hatte man sich nicht mit Ruhm bekleckert. Zwangssterilisationen waren an der Tagesordnung gewesen, allein 600 Menschen aus der Eickelborner Anstalt Opfer der Euthanasie geworden. Nach dem Krieg wurde die flugs aus dem Repertoire gestrichen. Ärzte und Behandlungsmethoden blieben im Wesentlichen gleich. Menschen, die aus dem Raster fielen, wurden weggesperrt. Nur umgebracht wurde nicht mehr. Sterilisation und Kastration galten nach wie vor als probates Mittel – nicht nur bei Neigung zu sexuellen Exzessen. Vor allem, um Fortpflanzung zu verhindern. Argumentiert wurde nicht mehr mit dem Schutz der Gesellschaft, sondern dem der Patienten selbst – und deren möglichem Nachwuchs.

Da ich aus einem anderen Fachbereich kam, war ich von der psychiatrischen Lehrmeinung unbelastet und sah die Patienten eher von Mensch zu Mensch. Entdeckte neben einer großen Bedürftigkeit viel Liebenswertes. Hätte mir oft gewünscht, dass dem Personal mehr Zeit für Zuwendung zugestanden worden wäre. Fand mich ein, aber doch nie ganz zurecht.

Nachdem ich sechs Jahre in der Einrichtung verschiedene Stadien durchlebt hatte – Einleben, Engagement, Enttäuschungen, Entfremdung – dachte ich gerade ernsthaft darüber nach, mich wieder anderweitig zu bewerben, als ich von der bevorstehenden Verlegung Jürgens nach Eickelborn hörte. Im ersten Moment reagierte ich fast panisch, dachte: Weg! Nur weg! Jürgen Bartsch kam mir wie ein Fluch, ein Lebensfluch vor. Immer wieder sprang er mir unvermittelt wie ein böser kleiner Kastenteufel in Momenten in den Weg, in denen ich ihn allzu bereitwillig fast wieder verdrängt hatte. Um doch jedes Mal wieder eine schreckliche Verbundenheit zu fühlen. Auch wenn ich das nicht zulassen mochte, mich mit Händen und Füßen dagegen wehrte.

Er war mein Kind. Mein Ersatzkind. Mein missratenes.

Gleichzeitig mein Bruder. Der Ähnliches oder nein, Vergleichbares durchgemacht hatte und durchmachte – mit schrecklichem Ausgang. Der mich zugleich lähmte und anstachelte. Und wütend machte.

Zum Glück hatte ich nicht direkt mit ihm zu tun. Beobachtete ihn dennoch aus unmittelbarer Nähe, ohne dass er etwas von mir ahnte.

Seine Dankbarkeit! Er erinnerte frappierend an das Wickelkind, das ich 1947 auf der Säuglingsstation kennengelernt hatte. Er schien so glücklich, bei uns sein zu dürfen! Genoss es, mit fünf anderen in einem Schlafsaal zu liegen! Im anstaltseigenen Laden unbeschränkt einkaufen und vor allem jeden Tag Besuch empfangen zu dürfen!

Im Gefängnis galten andere Bedingungen. Mal abgesehen davon, dass man ihn die ganze Zeit vor Mitgefangenen hatte schützen müssen, die ihn lynchen wollten. Selbst bei einsamen Hofgängen wurde er noch aus den oberen Stockwerken beschimpft und mit Gegenständen wie schweren gefüllten Wassergläsern beworfen. Hier wollte ihm keiner an die Gurgel. Seine Mitpatienten hatten keine Ahnung, wer er war.

Er durfte in Haft nur alle vier Wochen einmal besucht werden. Was seiner persönlichen und familiären Tragödie ein neues Kapitel hinzufügte. Der Prozess hatte etwas zutage befördert, was Jürgen bis dahin nicht gekannt hatte: Seine leibliche Familie! In einer Prozesspause war er von einer grauhaarigen Frau mit starker Brille angesprochen worden. Ob er sie nicht erkenne? Sie sei seine Oma. Die Mutter seiner Mutter. Man schaffte sie sofort weg, ließ sie aber als Zeugin aussagen.

Auch sein leiblicher Vater erschien als Zeuge, suchte aber weiter keinen Kontakt. Ein Halbbruder, Fritz, Sohn des Vaters, besuchte ihn nach der Urteilsverkündung einmal, brachte seine Frau sowie Jürgens Oma und Opa väterlicherseits mit, aber die Besuchsregelung im Gefängnis sah nun mal nur einen Besuch im Monat vor. Leibliche Familie oder Adoptiveltern! Natürlich gab Jürgen als gehorsamer Sohn Letzteren den Vortritt, sodass der Kontakt zu seiner Ursprungsfamilie im Ansatz stecken blieb. Das eine musste man den Bartschs zugutehalten: Sie standen zu ihm. Sie gaben ihm – was sie immer getan hatten – jeglichen finanziellen Rückhalt, den sie erübrigen konnten. Was unter anderem hieß, dass sie, ohne ihn zu fragen, im Jahr nach seiner Verhaftung seine persönlichen Briefe an eine Illustrierte verkauften und hoch bezahlte Exklusiv-Interviews gaben. Nach der Urteilsverkündung engagierten sie einen Staranwalt, den sie mit der Revision des Prozesses beauftragten. Sie gingen letzten Endes in den wirtschaftlichen Ruin für Jürgen. Und er lohnte es mit einer kindlichen Anhänglichkeit, die ihn mit Mitte 20 auf die Frage hin, was er sich am meisten wünsche, unter den drei wichtigsten Dingen antworten ließ, seine Eltern sollten sich vertragen.

Eine seelische Behandlung, die eine mit seiner Tante befreundete Psychotherapeutin in Düsseldorf begonnen hatte, die aber in der Kölner Haft schon nicht mehr fortgesetzt werden konnte, wurde in Eickelborn nur in Ansätzen verfolgt. Immerhin gab man ihm Hoffnung – die allerdings nie erfüllt wurde. Bereits zwei Jahre vor seiner Verlegung war Jürgen auf das Bemühen des Gefängnispsychologen der Haftanstalt Köln-Ossendorf hin zu einer Untersuchung nach Eickelborn gekommen. In einem ›Phallogramm‹ stellte man fest, dass er auf ganz normale sexuelle Reize ansprach, und sagte ihm, dass Aussicht bestehe, ihn heterosexuell umzupolen. Die Homosexualität war allerdings nur ein Teil seines Gefühlslebens, den er abzulegen wünschte. Viel dringlicher war ihm »das wilde Raubtier«, wie er es nannte, zu bezwingen: die Pädophilie, eng verknüpft mit dem sadistischen Trieb. Die Gewalt dieses Triebs hatte er selbst einmal mit der einer Talsperre verglichen, neben der die Onanie, der er zuletzt mehrmals täglich frönte in der Zeit, als er die letzten drei Opfer zu Tode quälte, eher der einer Badewannenfüllung entspreche.

Die Geschichte mit Gisela war ohne das sicherlich kaum zu verstehen. Sie hatte sich unter all den Verehrerinnen, die sich während des ersten Prozesses bereits für ihn interessierten, als die hartnäckigste herausgestellt. Obwohl er gleich zu Anfang schrieb, er habe kein Interesse an einem Briefverkehr. Da wusste er noch nichts von ihr. Sie hielt allerdings nicht hinter dem Berg mit ihren Problemen. Und er ermutigte sie zu kosmetischen Operationen: Nasenkorrektur zwecks Beseitigung des unschönen Buckels, eine Operation, die ihr Schielen einschränken und eine, die ihre Augenlider verbreitern sollte.

In Eickelborn besuchte sie ihn zum ersten Mal. Zweimal sahen sie sich in Gegenwart eines Kollegen, der mir nachher von den Gesprächen erzählte. Beim dritten Mal machte er ihr einen Heiratsantrag. Flucht nach vorn.

Zufall? Drei Jahre zuvor hatte ich mich auf Thomas eingelassen. Ich hatte das Tanzen für mich entdeckt. Ganz konventionell einen Tanzkurs der Volkshochschule besucht. Die meiste Zeit tanzte ich mit Frauen, es gab nur wenige Paare. Im Aufbaukurs traf ich einen

Mann, der im Grundkurs noch mit einer Partnerin gekommen war. Jetzt solo. Wir standen in der Auftaktveranstaltung eher zufällig nebeneinander, tanzten den ersten Walzer zusammen und blieben für die Zeit des Kurses ein Tanzpaar. Thomas lud mich in der Pause zu einem Erfrischungsgetränk ein, ich ihn, nach dem zweiten Mal hieß es: »Was machst du anschließend?«, und so ergab es sich, dass man miteinander essen oder ins Kino ging. Bald auch ins Bett. Da war nichts Himmelhochjauchzendes dran. Es war ein ruhiges, respektvolles Miteinander, das mir und ihm so kurz nach der Trennung und späterer Scheidung vermutlich auch guttat.

Er arbeitete in einem großen Versicherungsunternehmen, konnte mir in vielen Dingen praktische Ratschläge geben, zeigte sich beeindruckt von den Schilderungen, die ich ihm von den Menschen gab, mit denen ich zu tun hatte oder gehabt hatte. Nein, natürlich plauderte ich nichts aus, was unter das Schweigegebot fiel. Ich habe Thomas zum Beispiel auch nie von Jürgen erzählt. Die Beziehung war beendet, ehe Jürgen verlegt wurde. Es ging mehr um das allgemein Menschliche, das Thomas eher fremd war, das ihn aber nichtsdestotrotz ansprach. Vielleicht war es der Versuch, mein Leben ein wenig zu versachlichen. Endlich mal auf dem Boden anzukommen.

Im zweiten Jahr machten wir Urlaub in Österreich. Wandern im Zillertal! Es war traumhaft schön dort. Ich habe die Natur, die Touren mit Thomas sehr genossen. Ohne dass man miteinander reden musste, empfand ich ein starkes Gefühl der Verbundenheit in der Einsamkeit der Berge. Ganz oben, vor der Bergkristallhütte hat

Thomas mir einen Heiratsantrag gemacht. Meine Reaktion erschreckte mich selbst. Ich wusste nichts darauf zu antworten!

Thomas nahm mich in den Arm und drückte mich an sich.

Urplötzlich sperrte sich alles in mir gegen seine Berührung. Ich weiß noch, wie ich dachte: Ah, so ist das also! Du musst dich jetzt freuen! Das ist der Höhepunkt dieser Beziehung! – Nein, das war es nicht! Es fühlte sich eher wie eine kalte Dusche an!

Als ihm mein Schweigen zu lange dauerte, umfasste er mein Gesicht mit beiden Händen, und ich schloss die Augen. Er küsste mich auf die Lider und fragte: »Was ist los, Liebes?«

Da fing ich an zu weinen.

Er wiederholte: »Was ist?«, schien unsicher, ob er meine Reaktion als Ausdruck der Glückseligkeit verstehen sollte.

Ich wand mich aus seinen Armen und sagte: »Ich muss darüber nachdenken, Thomas. Verzeih bitte, aber die Vorstellung ist so – überraschend.« Das stimmte nicht ganz. Der Gedanke war mir schon öfter gekommen. Aber ich hatte ihn immer wieder ganz schnell beiseite geschoben.

Wir gingen dem Gespräch bis zum Ende des Urlaubs aus dem Weg. Eine Woche nach unserer Rückkehr machte ich Schluss mit ihm. Letzten Endes musste ich mir eingestehen, dass es mir nicht um ihn und nicht um mich gegangen war bei der Beziehung. Es war einfach eine angenehme Art, wie man seinen Alltag bewältigen konnte. Man hatte jemanden, mit dem man Freude und

Stress teilen, den Hormonhaushalt regulieren konnte und in vielfacher Hinsicht versorgt war. Meine Mutter fiel mir ein. Sie gehörte der Kriegsgeneration an. Im Nachhinein konnte ich ihre Sorge um das Überleben besser verstehen. Ich hatte die Kriegs- und Nachkriegszeit zwar sozusagen in die Wiege gelegt bekommen, lebte aber längst unter Bedingungen, die es mir ermöglichten, so etwas wie Ideale zu entwickeln. Ich hatte den Ehrgeiz, keine Lebensversicherung abzuschließen, sondern Träume zu verwirklichen. Thomas hatte ich zu verdanken, dass ich mir dessen bewusst geworden war.

Jürgen hatte sein Leben verspielt, indem er andere ums Leben gebracht hatte. Er versuchte nun, nach dem ökonomischen Prinzip zu retten, was zu retten war. Unter Einsatz der begrenzten Möglichkeiten das maximal Mögliche herausschlagen. Welche Optionen standen ihm schon zur Verfügung? Gisela war eine. Umpolung auf Heterosexualität. Letzten Endes jeglicher operative Eingriff. Eine angemessene Therapie kriegte er nicht. Also nahm er alles in Kauf, was ihm eine wenn auch vollkommen ungewisse Aussicht auf ein Leben in Freiheit ermöglichte.

Gisela war unter den Bedingungen tatsächlich ein Glücksfall. Sie stand bedingungslos zu ihm. Sodass aus ihrer Sorge um ihn schließlich so etwas wie eine gegenseitige Sorge und Wertschätzung erwuchs. Ja, sie hatte ihn auch Macht spüren lassen, indem sie ihn nach seinem Antrag um einen Monat Bedenkzeit bat. Er unterbrach im Gegenzug auf Anraten des Kölner Gefängnispsychiaters die Verbindung für einige Wochen, um sie und sich zu prüfen.

Die Klinik machte es ihnen nicht leicht. Der Anstalts-
leiter zensierte nicht nur alle Briefe, er übte massiv
Druck aus, erzwang so ein Verhalten, das er für för-
derlich hielt. Es war genau das, was Jürgen von klein
auf kannte. Was er als Sorge um seine Person verstand.

Die Hochzeit der beiden genehmigte man schließlich als möglichen Beitrag zur Heilung. Man versprach
den beiden sogar, ihnen eine Gelegenheit zum eheli-
chen Vollzug zu geben. Später hieß es, das wäre unfair
gegenüber den anderen Patienten, und verbot es. Auch
diese Zuckerbrot-und-Peitsche-Pädagogik war Jürgen
doch bestens vertraut!

Die Hochzeitsfeier hatte im Geheimen stattfinden
sollen. Einem Boulevardblatt gelang es aber, einen Pfleger zu bestechen, sodass Fotos in die Öffentlichkeit
gerieten. Die Wogen schlugen wieder hoch. Giselas
Familie hatte ohnehin mit ihr gebrochen und war der
Heirat ferngeblieben. Sie überlegte, ihren Job zu kün-
digen und in Jürgens Elternhaus zu ziehen, um in der
Metzgerei mitzuarbeiten. Das konnte der frischgeba-
ckene Ehemann ihr immerhin ausreden.

Als flankierende Maßnahme hatte Jürgen einen ste-
reotaktischen Eingriff beantragt, einen triebhemmen-
den ›weißen Schnitt‹ im Gehirn. Im Dezember 1974 teilten ihm die Ärzte mit, die Operation könnte bei ihm
nicht durchgeführt werden, weil nicht nur das Eroti-
sierungszentrum, sondern auch das für die allgemeine
Antriebsbildung und Fantasietätigkeit ausgeschaltet
worden wäre. Als damit klar war, dass ihm sowieso
niemals ein Liebesleben zugestanden worden wäre, griff
er Anfang 1976 nach dem letzten Strohhalm, der noch

eine Aussicht auf Entlassung hätte bedeuten können: der Kastration. Nicht ohne vorher Giselas Einverständnis einzuholen.

Man operierte ihn in Eickelborn am 28. April 1976. In Ermangelung eines Anästhesisten wurde ein Pfleger von dem operierenden Arzt instruiert, das Narkosemittel zu setzen. Es kam zur Verwechslung zweier Chemikalien, sodass ihm ein zehnfach überdosierter Narkosecocktail verabreicht wurde. Operation gelungen, Patient tot. Herzversagen lautete das Ergebnis der Obduktion in der Leichenhalle des Westfriedhofs in Paderborn.

Jürgen wurde am 03. Mai 1976 in aller Stille an einem anonymen Ort erdbestattet.

Ich hatte während seines ganzen Aufenthalts kein Wort mit ihm gesprochen und ihn nur gelegentlich von ferne gesehen. Wenn sein Tod mir nun zu schaffen machte, hatte das vor allem damit zu tun, dass ich mit mir nicht im Reinen war. Hätte ich den Kontakt suchen sollen?

Hätte das irgendetwas geändert?

HILDEGARD

Was dachten sich Menschen, die sich auf so einen Wahnsinnigen einließen? Wollten sie sich wichtig machen? Solange der eingesperrt war, bestand ja keine Gefahr! Wahrscheinlich war das sogar ein gewichtiges Plus: Der konnte nicht abhauen, einem nichts tun, mit dem musste man es nicht aushalten – aber der musste immer dankbar sein, wenn man ihn besuchen kam!

In der Kaffeepause haben wir Yvonne durchgehechelt.

»Was meinst du, was die für dieses Interview von der ›Quick‹ gekriegt hat?«, fragte Irmgard.

»Ich will das gar nicht wissen. Ich finde das einfach widerlich«, gab ich zurück.

Mir vorzustellen, einen Mann zu küssen, der bisher nur Männer geküsst hatte! Schon jemandem die Hand zu schütteln, von dem man wusste, dass er mit dieser Hand täglich mehrfach Hand an sich selbst und an andere Männer gelegt hatte! Sie mit eigenen und fremden Körpersäften beschmutzt! Der mit dieser Hand Menschen gewürgt, erschlagen und aufgeschlitzt hatte, diese Hand in Blut gebadet hatte. Wie konnte man eine solche Berührung ertragen?

Für kein Geld der Welt hätte ich so etwas auf mich genommen – schon gar nicht, um damit in die Öffentlichkeit gezerrt zu werden! Mit *Foto*! Dass jeder einen sehen und sich fragen konnte, was dieses Ungeheuer an einem gefunden haben mochte. Und was man an diesem Ungeheuer gefunden haben mochte. Dass jeder an der nächsten Supermarktkasse oder im Bus einen erkennen konnte. Was wollte sie damit erreichen? Bewunderung? Ich konnte mir diese Bilder nicht angucken, ohne mich abgrundtief zu schämen!

In diesem Punkt waren wir uns einig.

Weniger in der Frage, ob und welche Chance so ein Mensch überhaupt noch bekommen sollte. Margarethe vertrat die Auffassung, eine psychische Krankheit – und darum handle es sich zweifellos – sei ähnlich wie ein körperliches Gebrechen dem Betroffenen nur bedingt anzulasten. Er brauche Hilfe, keine Strafe.

»Du kannst doch jemanden, dem sie die Beine weggeschossen haben, nicht vergleichen mit jemandem, der anderen die Bäuche aufgeschlitzt hat!«, sagte ich.

»Ob einer seinen Körper oder seine Gefühle nicht unter Kontrolle hat, ist zumindest vergleichbar.«

»Im Ergebnis macht es einen Riesenunterschied, darum gehören manche Leute schlicht weggeschlossen oder besser gleich erschossen.«

»Hildegard«, sagte Margarethe, »das sind Nazi-Methoden. Man muss es verstehen, um zukünftig so etwas zu verhindern.«

»Verhindern allein würde schon reichen!«

»Liebe ist doch die beste Medizin«, warf Hertha ein.

Eben noch waren wir uns einig gewesen, dass diese Yvonne nicht ganz richtig im Kopf sein konnte. Schon wurde der Schmalztiegel wieder ausgepackt! Hertha las entschieden zu viele Schundromane!

»Liebe ist doch heute nur noch ein Geschäft!«, widersprach ich. »Diese Yvonne zieht ihren Nutzen daraus, Jürgen Bartsch einen anderen. Was soll das für eine Liebe sein? Allenfalls eine Selbstliebe! Heilen wird sie ihn auf keinen Fall, weil es doch gar nicht um ihn geht! Nur um das kranke Selbstbild dieser Person! Und jemanden, der so krank ist, kann man sowieso nicht heilen.«

»Du meinst, das trifft für alle Beziehungen heutzutage zu?«, fragte Irmgard.

»Guck dir Jacqueline Kennedy an«, sagte ich. »Fünf Jahre, nachdem sie ihren Mann erschossen haben, heiratet sie wieder. Einen dicken, alten griechischen Reeder. Er kann sich mit ihrer Schönheit und Berühmtheit schmücken, sie profitiert von seinem Vermögen. Kann mir doch keiner erzählen, dass es nicht so ist!«

»Und Margarethe?«, fragte Hertha.

»Margarethe hat einen tollen Liebhaber gefunden, der ihr zudem lebenslänglich dankbar ist, dass sie ihn geheiratet hat, obwohl er ein Krüppel ist. Sein Profit liegt auf der Hand.«

»Hildegard, du bist schrecklich!«, protestierte Margarethe.

»Das Private ist politisch«, hab ich gesagt. »Weißt du, von wem das Zitat ist?«

»Du wirst es uns sagen«, grollte Irmgard.

»Aus der Kommune I, von diesem linken Gesocks! Kennt ihr das Bild von denen, wo die alle nackt und mit erhobenen Händen an der Wand stehen? *Nackt und mit erhobenen Händen*! Zum Abschießen komisch! Deutlicher kann man es doch gar nicht zeigen, dass es keine Werte und keinen Anstand mehr gibt! Bei denen geht doch jeder mit jedem ins Bett! Männlein, Weiblein, völlig egal! Es geht um niedrigste Triebe! Perversionen! Oder um Geld! Und ihr faselt von Liebe, mit der jemand geheilt wird!«

Kurz darauf kam der Schah nach Deutschland – mit seiner neuen Gattin. Die sich im Vergleich zu Soraya als fruchtbar erwiesen hatte. Die Studenten protestierten – weniger wegen der neuen Frau, sondern wegen der furchtbaren Zustände in Persien. Die Demonstrationen eskalierten, und am Ende wurde einer von ihnen erschossen, Benno Ohnesorg. Da hatten die auch noch ihren Märtyrer! Ein paar Jahre später war dann der Rudi Dutschke dran, der immerhin überlebte – als lebender Beweis für das schreckliche System. Mit Essens Pracht und Herrlichkeit war es 1967 endgültig vorbei, als Alfried Krupp von Bohlen und Halbach starb. Die Amerikaner taten in der Zwischenzeit alles, um die Russen auszustechen, und wenn es hieß, dass sie ihre Leute auf den Mond schossen. Was ihnen 1969 tatsächlich als Ersten gelang! Die Deutschen kamen aus der Rolle des Bösen, der sich klein machen musste, einfach nicht raus. 1970 fiel der neue Bundeskanzler Willy Brandt vor dem Ehrenmal der Helden des Warschauer Gettos auf die Knie. Wie tief wollten wir noch sinken? Der neue Ruhrschnellwegtunnel konnte das nicht ausgleichen. Wieder zwei Jahre später wurden ausgerechnet während der ersten Olympischen Spiele auf deutschem Boden nach dem Krieg elf israelische Sportler von palästinensischen Terroristen umgebracht. Und natürlich waren wir wieder die Bösen, die sie nicht geschützt hatten! Selbst unsere wirtschaftlichen Erfolge erregten nur Neid. In der EWG wurde über eine Währungsunion nachgedacht. Vorläufig richtete man einen Sozialfonds ein. Auf dass alle Länder, die es nicht gebacken kriegten, sich ein Scheibchen von der deutschen Wirtschaftskraft abschneiden konnten. Wozu sollte das alles gut sein? Es war doch klar, dass die anderen sich jetzt erst recht zurücklehnen würden! Innenpolitisch hatte die Studentenbewegung uns Chaos und Terrorismus beschert. Und die rot-gelbe Regierung missbrauchte den Begriff der Menschlichkeit, indem sie Ausländer und kranke Subjekte auf Rosen bettete.

In der Landesheilanstalt Eickelborn bei Soest regnete es Anfang 1974 reale Rosen, da wurde tatsächlich eine Hochzeit gefeiert! Jürgen Bartsch hatte eine Grenzdebile gefunden, die sich seiner erbarmte. Die Bestie und die Behinderte! Die Hochzeitsfotos beschönigten nichts. Auf dem freien Markt hätte die Dame keine Schnitte gekriegt.

»Wahrscheinlich richten wir denen jetzt auch noch auf Staatskosten ein Liebesnest ein«, sagte ich anderntags im Büro.

»Mit Überwachungskamera!«, kicherte Hertha. »Und bewaffneten Polizisten vor der Tür, dass die rechtzeitig eingreifen können!«

Margarethe hielt sich mit Kommentaren zurück. Das mit der Behinderten war sicherlich nicht nett, aber in dem Fall traf es doch nun wirklich zu! Ich meine, Margarethe ist alles andere als dumm, und sie und ihr Horst haben sich ja nun mal ganz freiwillig zusammengefunden. Natürlich muss man unterscheiden zwischen Behinderten und Behinderten. Der Horst arbeitete im

Übrigen seit mehreren Jahren schon beim Finanzamt als Pförtner. Also keiner, der dem Sozialamt zur Last fiel. Margarethe schien es tatsächlich ganz gut mit ihm angetroffen zu haben. Wer trotz seiner Behinderung einen Beitrag zum Wohl aller beitrug, gegen den ließ sich doch überhaupt nichts einwenden! Die kleine Schimanski von nebenan arbeitete zum Beispiel bei einem Kinderarzt. Der hatte auch ein Andenken aus dem Krieg mitgebracht. Vielmehr hatte er dort eins gelassen. Drei Finger nämlich. Und? Er war ein prima Kinderarzt. Das hatte ich nicht nur von der Hilde Schimanski, sondern auch von anderer Seite schon gehört. Eine Volksgemeinschaft lebt davon, dass jeder beiträgt, was er kann. Wenn es zu viele gibt, die nur auf Kosten der anderen aasen, zu viele asoziale Elemente, kann das nicht funktionieren. Nicht hier, nicht in Europa und schon gar nicht weltweit. Wenn die Politiker das nicht kapieren, können sie einpacken. Wir alle.

»Dann müssen sie das eben ohne packen!« Irmgards Stimme platzte in meine Gedanken. »Als wenn die die Einzigen auf der Welt sind, die ohne Sex auskommen müssen.« Es klang ein wenig schadenfroh. »Stellt euch vor, das würde Schule machen! Dann könnten die anderen Häftlinge genauso kommen und sagen, sie bräuchten eine Sonderbehandlung, und dann müsste man denen am Ende noch den Besuch einer Prostituierten zugestehen!«

Immerhin kriegte der Fall Bartsch wieder jede Menge öffentliche Aufmerksamkeit. Man diskutierte über Therapie oder nicht, über operative Eingriffe im Gehirn, die die sexuellen Triebe dämpfen sollten, über Kastration. Eine Illustrierte beklagte in einem reißerischen Aufmacher Jürgen Bartschs Schicksal. Er hätte während der Untersuchungshaft Entschuldigungsbriefe an die Eltern seiner Opfer in die Zellenwände geritzt. Hätte in der Zeit dreimal versucht, sich das Leben zu nehmen. Davon gesprochen, dass man ihn in der Höhle beisetzen sollte, in der er die Kinder ermordet hatte. Wenn er Geld hätte, wollte er alles tun, um das Leid von Kindern zu lindern. Hätte er sich das nicht mal früher überlegen können? Ich konnte nur bedauern, dass das mit den Selbstmorden nicht geklappt hatte. Aber vermutlich war es auch nur der Versuch, Mitleid zu erregen. Dass er seine eigenen Eltern in den geschäftlichen Ruin getrieben hatte, dass sie sich hoch verschuldeten, um seine Rechtsanwälte bezahlen zu können – das schien ihm vollkommen egal zu sein. Wer machte sich noch Gedanken um das Leid der Angehörigen der Opfer? Ganz Deutschland sorgte sich um diesen Psychopathen, wie es schien!

Einen Lichtblick gab es dann doch noch im gleichen Jahr: Wir wurden wieder Fußballweltmeister! Nicht, dass ich mich für Fußball interessierte. Aber solche Ereignisse gaben doch ein wunderbares Wir-Gefühl, das einen einfach mitriss! Ich habe mit meinen Kolleginnen das Endspiel in München geguckt. Mit einer Flasche Sekt. Bei Irmgard. Die jetzt einen Farbfernseher besaß. Es hatte was, muss ich sagen. Ich begann ernsthaft darüber nachzudenken, ob ich mir nicht auch einen anschaffen sollte.

Fast zwei Jahre darauf haben wir wieder eine Flasche Sekt geköpft. Die hatte ich besorgt, nachdem ich die anderen zu mir eingeladen hatte, um meinen neuen Farbfernseher einzuweihen.

Nachdem wir eine erste Runde auf meine Neuanschaffung getrunken hatten, füllte ich die Gläser erneut und sagte: »Auch wenn es böse klingt: Lasst uns auf Jürgen Bartsch anstoßen!«

»Es hätte mich ja gewundert«, meinte Irmgard, »wenn du das Thema nicht irgendwann im Lauf des Abends aufgeworfen hättest, Hildegard. Aber findest du es nicht ein ganz kleines bisschen makaber?«

»Was sollte daran makaber sein?«, fragte ich zurück. »Wir sind ihn los, und er ist von seinen Leiden erlöst. Wenn das kein Doppellos ist!«

»Sonderziehung!« Hertha kicherte.

»Nach einer Sonderbehandlung!«, setzte ich nach.

»Hildegard!« Margarethe setzte ihr Glas so heftig auf, dass es überschwappte. »Es wird Zeit, dass du dich von diesem braunen Gedankengut allmählich trennst! Wir hatten jetzt ein Vierteljahrhundert Zeit, dazuzulernen! Findest du nicht, es ist allmählich gut?«

»Hey, hey!« Irmgard legte ihr die Hand auf den Unterarm. Hertha fingerte nach einem Taschentuch, um den Sekt aufzuwischen.

»Mensch, Margarethe, das war doch ein Witz«, hab ich gesagt.

Sie guckte immer noch böse. »Ein ziemlich schlechter. Ich hab mir das jetzt so oft anhören müssen – ich kann es einfach nicht mehr ertragen! Ich glaube, die meisten, die so reden, meinen es verdammt ernst.«

»Es ist ja noch gar nicht raus, ob es sich wirklich um ein Versehen gehandelt hat«, warf Irmgard ein.

»Wie soll man das denn auch rauskriegen?«, fragte Margarethe. »Jeder kann sich mal vertun. Zumindest kann er es anschließend behaupten.«

»Eine zehnfache Überdosis?«, gab ich zu bedenken.

»Die haben die Chemikalie verwechselt. Deshalb war das so überdosiert, die war wohl einfach viel wirksamer. Die haben nicht etwa zehnmal so viel da reingekippt!«, sagte Margarethe.

»Immerhin hat er eine Bewährungsstrafe gekriegt, der Arzt.« Ich hob noch einmal das Glas. »Margarethe, komm! Natürlich sehe ich manches kritischer als du oder ihr. Und zu diesem Menschen kann man stehen, wie man will – man hätte ihn doch sowieso nie wieder frei gelassen! Und wenn – was wäre das für ein Leben gewesen? Kastriert, an der Seite einer Behinderten, jeder würde ihn hassen, er müsste als Erstes seinen Namen ändern, und das würde ihn immer noch nicht davor schützen, dass er sich selbst immer misstrauen müsste, mal ganz abgesehen von den Schuldgefühlen, die er haben dürfte – sofern da irgendetwas Menschliches in ihm ist und er die Dinge ernst gemeint hat, die er da von sich gegeben hat von wegen Bedauern und Wiedergutmachen.«

»Er war ein armes Schwein, das wahrscheinlich nicht anders konnte und daher letzten Endes erst recht ein armes Schwein war«, sagte Margarethe und hob das Glas.

»Wir trinken auf das Schwein – das arme!«, krähte Hertha und stieß nacheinander mit mir und dann mit den anderen an. Manchmal denke ich, sie ist gar nicht so blöd, wie man immer glaubt.

⁂

ANNI

Am 11. Juni 1994 klingelte das Telefon. Ich hob ab, nannte meinen Namen und hörte jemanden weinen.

»Hallo?«

Ein Schnäuzen. »Ja. Hallo.«

»Mit wem spreche ich?«

»Emil«, sagte der Mann. »Ich heiße Emil. Ich bin dein Vater.«

Wir trafen uns in Köln. Er stand mit einer roten Rose auf dem Bahnsteig. Ich erkannte ihn sofort, als der Zug einfuhr und an ihm vorbeirollte. Obwohl ich bis dahin kein Bild von ihm gesehen hatte. Eine schlanke Gestalt, weißer Haarkranz, oben ohne, also ohne Haare auf dem Kopf, ein breites Lächeln und zwei blassblaue Augen. In den Winkeln zwei Furchenfächer, die ihm etwas Strahlendes verliehen, selbst wenn er ernst geguckt hätte. Als ich ausstieg und auf dem Bahnsteig zurücklief – er kam mir schon entgegen – fielen wir uns um den Hals, lachten und weinten gleichzeitig.

Warum er so lange gewartet hätte, hatte ich ihn in unserem ersten Telefongespräch gefragt. Dass es ein Versprechen an meine Mutter war, überraschte mich nicht. Dass er dieses Versprechen weit über ihren Tod hinaus gehalten hatte, erstaunte mich dennoch. Es lag in der Natur der Dinge. Vielmehr hatte es mit einer Gesetzmäßigkeit zu tun. Am 11. Juni 1994 wurde der Paragraf 175 ersatzlos gestrichen. Der Tag, an dem er aus der Anonymität auftauchte und mich anrief.

Sie hatten es miteinander versucht. Emil, der sich, so weit er zurückdenken konnte, zu Männern hingezogen gefühlt hatte, und meine Mutter, die es einfach wissen wollte. Ein Experiment mit einem Kollateralschaden. Mir.

Meine Mutter war das Risiko eingegangen. Im Nachhinein bewunderte ich sie dafür, dass sie die Konsequenz – mich – getragen und mir eine Chance gegeben hatte. Was ich ihr zu Lebzeiten nicht gelohnt und meinem eigenen Kind nicht eingeräumt hatte. Vielleicht hat sie aber auch einfach niemanden gefunden, der ihr eine Abtreibung ermöglichte. Ich selbst hatte wie mein Vater auf die Erlösung gewartet. Darauf, dass die Welt den Bannstrahl des Verbrechens von mir nahm.

Im Mai 1974 lernte ich Wilhelm kennen. Ich war nie religiös und bin es auch nicht geworden. Egal, ob man es Gottes Fügung, dem Schicksal oder meiner psychischen Verfassung zuschreiben mag: Ich habe mein Leben mit über 40 Jahren noch einmal umgekrempelt. Wir trafen uns auf einem Medizinkongress in Düsseldorf. Es ging um Ethik in der Medizin. Ein Vortrag beschäftigte sich mit einem hochaktuellen Thema: Der Paragraf 218 war am Vortag reformiert worden. Ich saß im Publikum und hatte die Augen geschlossen. Eine Männerstimme raunte von der Seite: »Möchten Sie?«

Er hielt mir ein Päckchen Papiertaschentücher hin, und ich nahm es dankbar an. Anschließend lud er mich zu einem Kaffee ein.

»Wollen Sie es mir sagen?«, fragte er. »Manchmal hilft es.«

Wir hatten an einem der Außentische Platz gefunden. Es war ein sonniger Tag, und seine Stimme machte es mir leicht. Sie hatte diese Festigkeit, die Offenheit und gleichzeitig genügend Sanftmut, die Vertrauen ermöglichte.

»Ich habe es getan«, sagte ich. »Mein Kind abgetrieben.«

Er ließ mir Zeit, stellte keine Frage, sah mich nur an. Mit einem Blick, der Ernst, aber auch genau das winzige bisschen Lächeln enthielt, das Verständnis signalisierte. Es war das erste Mal, dass ich zu jemandem darüber sprach. Außer Tante Heti hatte es niemand gewusst. Und nun erzählte ich es einem Wildfremden! Als hätte die Gesetzesänderung, die mich von dem Verbrechen erlöste, sämtliche Dämme in mir gebrochen. Der 20-jährige Druck! Ich fühlte mich so frei! Nein, es nahm mir nicht den Kummer über mein eigenes Handeln, über die Kinder, die ich nie haben konnte. Aber ich konnte es sagen, ohne dass man mich einsperrte!

»Das muss sehr schlimm für Sie gewesen sein«, meinte er schließlich.

Wieder kamen mir die Tränen. Aber ich lächelte. »Ja.«

»Für mich ist es ebenfalls eine Befreiung«, sagte er. »Ich habe auch abgetrieben.«

Ich war im ersten Moment so verblüfft, dass ich es erst sacken lassen musste, ehe ich begriff, was er meinte.

»Oh«, sagte ich. »Das war bestimmt auch nicht so einfach.«

»Ja«, entgegnete er. »Es gibt solche und solche Ärzte. Ich hätte es nie gemacht, wenn ich die Wahl gehabt hätte. Aber manchmal passen Gewissen und Gesetzeslage nicht zusammen. Und dann muss man eine Entscheidung treffen. Ethik ist ein weites Feld. Zumal für diejenigen, die das Leben bejahen.«

Ich war mir nicht sicher, wozu ich gehörte. Grundsätzlich hätte ich mich immer zu den Ja-Sagern gezählt. Aber in diesem Punkt war da ein klares Nein gewesen.

»Übrigens«, er reichte mir die Hand über den Tisch. »Wilhelm.«

»Anni«, sagte ich und gab ihm meine. Er hatte keinen Nachnamen genannt. Sollte das jetzt heißen, dass wir uns duzen sollten? Oder war das die Aufforderung zum Hamburger Sie? Immerhin hatte er mich vorher gesiezt. Ich beschloss, es gleich zu klären.

»Gerne Du«, sagte ich.

Er lachte. »Wo kommst du her, Anni?«

Wir sprachen in jeder freien Minute, und als wir nach Hause zurückgekehrt waren, setzten wir die Gespräche am Telefon fort. Sechs Wochen später waren wir ein Paar, vorläufig in einer Wochenendbeziehung, aber wir schmiedeten Pläne.

Wilhelm war niedergelassener Allgemeinmediziner in Hilden in der Nähe von Düsseldorf und geschieden. Seine Ex-Frau war seit fünf Jahren mit einem anderen verheiratet, mit dem sie zwei Kinder hatte. Die gemeinsame Ehe war kinderlos geblieben, nachdem er eine Abtreibung bei ihr vorgenommen hatte. Eine ungewollte Schwangerschaft, zumal er gerade die Praxis übernommen und seine Frau, eine gelernte Krankenschwester, ein Medizinstudium anstrebte. Wilhelm schwor, er hätte sich über das Kind trotzdem gefreut, aber er habe dem Drängen seiner Frau nachgegeben. »Es war klar, dass sie hätte zurückstecken müssen«, sagte er. »Ich hätte die Praxis nicht in Teilzeit führen können. Welches Recht hatte ich, ihr die Chance auf das Studium zu nehmen?«

»Du weißt aber«, wandte ich ein, »dass sie gesetzlich zur Führung des Haushalts verpflichtet gewesen wäre? Sie hätte nur berufstätig sein dürfen – und das wird für das Studium wohl genauso gelten – wenn sie ihre familiären Verpflichtungen nicht vernachlässigt hätte. Du hättest es ihr verbieten können. Zumal Abtreibung eh verboten war.«

Er schüttelte den Kopf. »Was sind das für Gesetze!«

Ich küsste ihn. »Du hast das Richtige getan.«

Als ich ihm von Horst erzählte, hörte er aufmerksam zu. Dann fragte er: »Und was hat er dazu gesagt?«

»Er hat es nie erfahren. Ich habe ihm gesagt, ich müsste mich auf meine Ausbildung konzentrieren und könnte nicht mehr kommen. Er hat bestimmt gelitten. Aber er wusste immer, dass das nichts auf Dauer sein konnte zwischen uns.«

»Hm«, machte Wilhelm. Ich wusste nicht recht, ob darin ein Zweifel mitschwang.

»Er wäre mit Sicherheit nicht glücklicher gewesen, wenn er von der Schwangerschaft erfahren hätte.«

»Das denke ich auch«, sagte Wilhelm.

Wenn ich vorher gesagt hatte, dass mir niemals nach Horst ein Mann solche Lust bescheren konnte, muss ich das revidieren. Mit Wilhelm war es viel mehr. Weil wir uns auf Augenhöhe liebten und es etwas ganz anderes war als eine rein körperliche Liebesbeziehung. Wir teilten unser Leben, unsere Vergangenheit, unsere Träume und unsere Zukunft. Dieses Gefühl floss in jede unserer Berührungen ein. Das unterschied unsere Verbindung fundamental von meinem Verhältnis mit Thomas.

Viele Wochenenden verbrachten wir im Neandertal, im Bergischen, der Eifel und anderen Naturgebieten, und irgendwann wurden wir fündig. Wilhelm kaufte eine alte Mühle im Murbachtal in der Nähe von Leichlingen, wir renovierten sie und bauten sie zu einem Erholungshaus für Familien mit behinderten Kindern um. Im Waschhaus schufen wir uns ein kleines persönliches Paradies. Ich hatte meinen Vertrag in Eickelborn gekündigt und hielt bereits die Stellung im Murbachtal, während Wilhelm noch die Praxis abwickelte. Als alles fertig war, haben wir Hochzeit gefeiert.

Emil sagte mir, er hätte lebenslänglich hinter mir her spioniert. Bei unserer Hochzeit habe er erst am Leichlinger Rathaus und später auf der Straße Am Murbach gestanden, die Gäste beobachtet, die im Garten und hinter den Fenstern ausgelassen gefeiert hätten. Nie zuvor hätte er mich so glücklich erlebt.

»Warum hast du mich nicht angesprochen?«, fragte ich. »Ich wäre doch noch hunderttausend mal glücklicher gewesen!«

»Ich wollte nicht, dass du dich für mich schämst«, sagte er. »Für deine Mutter war der Gedanke unerträglich, dass du mit der Schande eines homosexuellen Erzeugers hättest leben müssen. Ich wusste doch nicht, inwieweit du diese Einstellung übernommen hattest.«

Die Schande. Genau! Damals, mit Horst, hatte ich

nur die Schande gesehen, habe mich zu meiner Sexualität nicht bekennen können. Warum ist das so? Warum fürchten Menschen, andere könnten mit dem Finger auf sie zeigen, und diese Angst ist so groß, dass sie eher ihr Fleisch und Blut umbringen, als sich dazu zu bekennen? Ich will die Schuld nicht von mir weisen. Ich habe lebenslänglich dafür gekriegt. Die Gewissensbisse waren das eine. Nie mehr Kinder bekommen zu können, das andere. Schließlich konnte ich nicht einfach in die Gynäkologische Abteilung gehen und sagen: »Helft mir.« Ich musste jemanden finden, der es mir unter schrecklichen Bedingungen und ohne sonderliche Fachkenntnisse gemacht hat. Diese unmenschlichen Gesetze waren das eine. Das andere die Angst vor dem, was andere denken mochten. Warum hatten die Bartschs so eine Angst, dass ihr Kind erfahren könnte, dass es adoptiert sei? Warum hatten sie sich immer nur bemüht, die Schande unter dem Deckel zu halten, statt hinzugucken, als es Probleme gab? Warum mussten sie immer den Schein aufrechterhalten, dass sie etwas Besseres als andere waren? Welches Leid tut man sich und seiner Umgebung, seinen Kindern, damit an? Zu welchen Verwerfungen führt es?

Was meine Mutter mir – Emil und mir – angetan hatte, war nicht minder entsetzlich. Auch sie getrieben von der Angst vor der Schande. Der gesetzlich festgeschriebenen. Sie hatte mir den Vater, der ein Verbrecher war, ersparen wollen. Emil war damals 20. Jetzt 84. Ein biblisches Alter. Dass wir uns überhaupt noch kennenlernen durften! Umso glücklicher waren wir!

Wir haben lange im ›Alten Wartesaal‹ am Bahnhof gesessen und erzählt. Als ich schließlich fragte: »Und was machen wir jetzt?«, sagte er: »Einen Spaziergang. Ich will dir etwas zeigen.«

Wir fuhren mit dem Bus und mussten zweimal umsteigen. Emil nutzte die Gelegenheit, mir viel über die Stadt zu erzählen, in der er nun seit einem halben Jahrhundert lebte. Er hatte im Service eines großen Hotels in der Innenstadt gearbeitet. Köln hatte seit dem Krieg bereits – davor auch schon – ein bewegtes Schwulen-Milieu. Es gab Kneipen mitten in der Altstadt, wo man sich einigermaßen ungestört treffen konnte. Die Polizei wusste davon, aber sie hatte nichts dagegen unternommen, solange es nicht zu – Emil zitierte mit affektiert hoher Stimme – »Erregung öffentlichen Ärgernisses« kam. Knutschen auf der Straße, klar, da gingen sie dazwischen, dann war eine Strafgebühr fällig, man wurde ermahnt – und konnte wieder gehen. »Wenn die gewollt hätten, hätten sie uns jederzeit alle mitnehmen können, sie hätten uns immer wieder einsperren und vor Gericht stellen können. Aber so sind die hier nicht. Hier heißt es: »Levve un levve losse!« Daher hätte er sich hier immer wohlgefühlt, wie er sagte, unbehelligt in der Illegalität. Schließlich auch in einer Partnerschaft, die er als glücklich bezeichnete.

Vor drei Jahren war sein Freund gestorben.

Wir erreichten die Endstation und betraten einen Blumenladen. Emil erstand eine einzelne wunderschöne Rose, deren Blätter zwischen Rot und Sonnengelb changierten. Ich entschied mich für ein Tränendes Herz.

Das Grab lag etwas versteckt an einer halb schattigen Stelle zwischen Bäumen, die fast wie eine kleine Waldlichtung wirkte, und glich im ersten Moment einer Blumenwiese.

»So schön – und riesig!«, sagte ich.

Emil zwinkerte. »Passt, wackelt und hat noch Platz«, sagte er. »Ein Doppelgrab.«

Der Grabstein war fast naturbelassen. Ein Name stand links, die Lebensdaten darunter, die rechte Seite war frei. In der Mitte oben war ein kleines Symbol eingraviert: Ein Kreis mit einem mittigen Punkt und einem Pfeil, der nach oben wies.

»Für welche Religion steht das?«, wollte ich wissen.

Emil lachte. »Das Symbol des Planeten Uranus. Schwule wurden auch Uranier genannt. Weil der Gott Uranus ohne eine Frau die Liebesgöttin Aphrodite zur Welt gebracht haben soll. Frag mich nicht, was das mit Homosexualität zu tun haben soll, außer dass halt keine Frau im Spiel ist. Das Symbol deutet etwas an, aber man muss es nicht so verstehen. Wir konnten ja schlecht zwei Eheringe da anbringen.«

Auf dem Rückweg schlugen wir einen größeren Bogen über den Friedhof. Bis Emil auf einmal stehen blieb. »Das war es, was ich dir zeigen wollte«, sagte er.

Das Grab trug einen großen Granitstein ohne Daten. Da war nur ein schlichtes Kreuz eingraviert und ein Name in Großbuchstaben: Bartsch.

»Ist er das?«, fragte ich ungläubig. Ich wusste, dass sie ihn irgendwo bestattet hatten, wo es nicht jeder wissen konnte. Was lag näher als die nächste Millionenstadt?

Emil nickte.

Da konnte ich endlich auch um Jürgen weinen.

*Weitere Titel finden Sie auf den
folgenden Seiten und im Internet:*

WWW.GMEINER-SPANNUNG.DE

Alle Bücher von Regina Schleheck:

**Der Kirmesmörder -
Jürgen Bartsch**
ISBN 978-3-8392-1939-3

**Wer mordet schon in
Köln?**
ISBN 978-3-8392-1962-1

**Mörderisches Leverkusen
und Umgebung**
ISBN 978-3-8392-2325-3

**Mörderisches Bergisches
Land**
ISBN 978-3-8392-2522-6

**Mörderisches vom
Niederrhein**
ISBN 978-3-8392-0060-5

SPANNUNG

GMEINER

WWW.GMEINER-VERLAG.DE
Wir machen's spannend

Martina Parker
Ausgstochen
Gartenkrimi
384 Seiten, 13,5 x 21 cm,
Premium-Klappenbroschur
ISBN 978-3-8392-0454-2

»Geh hör ma auf. Das gibt's ja nicht. Und des steht alles
in dem Biachl von der Frau Bürgermeister?«, Die Frau
Fuith war wirklich schockiert.
»Nun«, sagte Hilda und leckte sich die Finger ab. »Dieses Buch ist sehr, sehr ordinär.«
»Wirklich? Ordinär sagst du?«, murmelte die Frau
Fuith in gespielter Empörung.
»Und«, Hilda machte eine bedeutungsvolle Pause, bevor sie etwas Puddingcreme auf ihre Gabel balancierte
und zum Mund führte: »Ich glaube, es ist alles wahr,
was da drin steht …«

GMEINER SPANNUNG

WWW.GMEINER-VERLAG.DE
Wir machen's spannend

Claudia Rossbacher
Steirerwald
Kriminalroman
288 Seiten, 13,5 x 21 cm,
Premium-Klappenbroschur
ISBN 978-3-8392-0511-2

An einem tropisch warmen Abend werden die
LKA-Ermittler Sandra Mohr und Sascha Bergmann aus
Graz zu einem Einsatz ins nahe Schöcklland gerufen.
Auf Schloss Abelsberg hat der Jagdhund einer Jägerin
die verwesende Hand eines Mannes zum Rehragout
apportiert. Kurze Zeit später wird die Leiche hinter
dem Schloss, in einem Graben im Wald aufgespürt und
als Schlossbewohner identifiziert. Wer aber hat den
exzentrischen Regisseur erschossen und weshalb? Die
Jagd auf den Mörder nimmt ihren Lauf und sorgt für so
manche Überraschung. Auch in Sandras Privatleben.

GMEINER SPANNUNG

WWW.GMEINER-VERLAG.DE
Wir machen's spannend

Alex Thomas
Pietà – Steinerner Tod
Thriller
352 Seiten, 13,5 x 21 cm,
Premium-Klappenbroschur
ISBN 978-3-8392-0500-6

Als an einem Wintermorgen unter dem Brandenbur-
ger Tor die blutüberströmte Leiche eines Mannes in
den Armen einer Frau entdeckt wird, schrillen bei
Ex-Kriminalkommissar Magnus Böhm sämtliche
Alarmglocken. Er hat diese Skulptur aus Menschen-
körpern schon einmal gesehen, 14 Jahre zuvor in Rom.
Die Presse stürzt sich auf den Fall und spricht von der
Berliner Pietà. Doch dieses Mal gibt es einen entscheidenden Unterschied: Das weibliche Opfer hat überlebt.

GMEINER SPANNUNG

WWW.GMEINER-VERLAG.DE
Wir machen's spannend